Strategies for Surviving
a New and
Uncertain Age

不確実性の高い新時代における生き残り戦略

SURVIVE

［サバイブ］

INSTYLE GROUP 代表
西村豪庸
Hidenobu Nishimura

プレジデント社

Strategies for Surviving a New and Uncertain Age

不確実性の高い新時代における生き残り戦略

SURVIVE

［サバイブ］

INSTYLE GROUP 代表
西村豪庸
Hidenobu Nishimura

プレジデント社

はじめに

新時代が幕を開けました。

二〇二〇年といえば、二一世紀になってかなり経つ立派な新時代で、オリンピックが開催され、株価は上昇を続け、オリンピック以降はどうか知らないが、オリンピックまでは概ね好景気、というのが市場のコンセンサスであったはずです。

ですが、もちろんそんなことはありませんでした。

二〇〇八年にリーマンショックを経験したときに「一〇〇年に一度の大不況」と伝えていた各所が、再び、「一〇〇年に一度の、未曾有の、大不況、大惨事」だと昨今の新型コロナウイルスの感染拡大に端を発する不景気の様子を伝えています。

その間、僅か一二年。その間にも3・11など多くの出来事がありました。

当然ですが、現在のこの状況を予測できた人はいません。

神ならぬ僕達は不確実性の下に踊らされ、一喜一憂するのみで、有史以来、不確実性を飼いならした者はおりません。飼いならしたと自称して、後に不確実性の犠牲になった人は数知れずですが。

本書はもともと、ポッドキャスト「西村豪庸の社長工場」をコンテンツの中心として、全く別のタイトル、方向性で話が進んでいたのですが、前述の状況下で、大幅に変更、加筆修正することとなりました。

大元になった考え方はポッドキャストを聞いていただければご理解いただけると思いますが、僕は今「幸せな社長をたくさんつくること」で社会に少しでも貢献できたらと思い、コンサルタントとして、社長として、グループのトップとして、日々を過ごしています。

神ならぬ僕達は、不確実性に「対応」していくしかありません。

この未曾有の大不況、大惨事に対しても、また、今後も起きるであろう、何かしらに対しても、対策、対応しながら、生き残っていく。

それが本書のテーマです。

生き残って、マーケットに居続けられれば、ゲームのテーブルに座り続けられれば、打席に立ち続けられれば、チャンスにトライし続けることができれば、いつか大当たりを出すことができます。ホームランを打つことができます。絶対に。

それが、いつかはわかりませんし、思っているより早く訪れることも、思っていたよりずっと遅くなってしまうこともあると思います。

「ここまでに間に合ってくれないと意味がないんだ」、というタイミングに間に合わないこともあるでしょう。

しかし、生き残り続け、チャンスを追い続ければ、いつの日か必ず道が開けるタイミングが来ることも事実です。

そんなふうに、例えばこの新型コロナウイルスの影響がどこまで累を及ぼすか見えない状況下では、「勝てない」として、「一度店を畳んで、利益を残して、再起する」ような「うまい負け方、負け抜け」をしたほうが良いかもしれないし、半年、一年の先まで考えれば絶対に元に戻ると信じて、そこまで耐え、「生き残る」ことが正解になるかもしれません。

初めての起業から、二〇年以上が経ち、こんな状況下で何を本に書いて残せるかと問われたら、大した能力もノウハウもないなかで、少なくとも二十数年、生き残ってきたことだけは事実だな、と思います。

その、勝つための方法やうまく負けるための方法も含めて、生き残るための方法を伝えることで、読者の方々に、何か一つでも気づきがあればと願い、この本を書きました。あなたにとって、先の見えないこの時代を、弱くても、下手でもうまく勝ち残り、あるいはうまく負け抜けて、生き残り、幸せに過ごしていくための、本書が一助になれば幸いです。

CONTENTS

はじめに……002

第1章
新時代の進化論
僕達は不確実な世界のゲームをプレイしている……013

不確実な世界で、生き残る……014
コントロールできるのは？……018
コントロールできる範囲を広げる……020
現実世界の「ゲームクリア」の条件とは？……024
このステージで得たいものは、経験値？お金？……028
本当の「ゲームオーバー」とは？……036
高い期待値に賭け続けて、生き残る……040
一〇年で九割が倒産の嘘……045
年商一億円の会社は誰でも作れるし、年収一千万円なんて誰でもなれる……049

Ｌｖ．99を目指さなくて大丈夫……053
変化を恐れず、幸せに生き残っていく……056

第2章

幸せな起業、生き残るためのクリエイトの方法……059

幸せに気づくため、幸せを定義する……060
お金で買えない大事なものは、お金がないと持ち続けられないことが多い？……065
みんなモテるために生きている？……070
青天井会議……073
無理してでも明日は不自由さを取り除きたい……080
プラチナチケットを自分で刷るために……084

働くだけだと、どんどんレアキャラではなくなる……086
レアキャラになるための思考法――マーケット思考と投資家思考……091

第3章 ビジネスの前線で、戦闘力を磨く……097

メタ認知と三献の茶……098
10：0のWin-Winと2：8のWin-Win……102
成功を妨げる認知バイアスの存在……105
間違いやすいこの世界で、カンニングがOKな理由……110
数字を使うときの心構え……112
数字で考え、数字で決めるその方法……118

価格と価値の関係……123
最適な値段の決め方……126
カジノに行く前に教会へ……132
結果を出すことを求められる社会人が、結果を出せなくても怒られない方法……136

第4章

結果を出すための勝つ戦略、負け抜く戦略……139

僕が僕であるために、勝つことは必要か？……140
テーブルを見渡して、カモが見当たらなかったら？……142
不利な状況下で、革命を起こすには……145
人間はＡＩに仕事を奪われる？……149

「価格」と「価値」の不等号を成立させる新時代の「嘘」という手品……152
気づくことで、生き残る……157
プランが必要なフェーズ、行動が必要なフェーズ……161

第5章

チームで生き残る……167

インスタイルグループの「秩序あるカオス」……168
「ギャラクシー経営」という新たなスタイル……171
企業文化は給湯室でつくられる……175
企業文化を守るための採用のコツ……179
奇跡の社員を採用するために〈面接の方法〉……183

奇跡の社員のマネジメント〈入社当日〉……187
奇跡の社員のマネジメント〈一年後〉……193
器の大きい奇跡の社長やパートナーと出会える、一緒に仕事ができる方法……200
才能ある奇跡の社長やパートナーと出会える、一緒に仕事ができる方法……203
明日からも生き延びていくために、今日やっていること……206

おわりに……208

第1章

新時代の進化論
僕達は不確実な世界のゲームをプレイしている

不確実な世界で、生き残る

今更、僕程度に言われるまでもなく、未来は不確実、不確定で、誰にもわかるものではありません。新型コロナウイルスの一件も、収束や平常化がいつになるのか、どんなウイルスなのか、罹患しているのかしていないのか、など「わからない・不確実」というものがどれだけ人々を混乱させ、恐怖に陥れ、パニックに誘うかがわかりやすく現れた卑近な例だと思います。

高度に合理化され、ほとんどの分野に対してのリスクがかなり計算、想定されている現代では、一度その想定の範囲を超えたときに一気にオーバーシュートする確率が高くなっています。

だいたいのことはマーケットに織り込み済みな状況下で、想定外の事態が起こったときには、連鎖的にロスカット等の影響範囲が拡大していくからです。

しかし、太古の昔を生きる人々からすれば、現代人が予測し、ある程度コントロールしているほとんどの事象は、神の御業にしか見えないことも多いと思います。

例えば、現代では、多くの人が前日や出勤前に天気予報を見て、その日の天気を知ります。

そして、高い確率で、本来、「わからない・不確実」なはずの「夕方からにわか雨が降る」といった情報をもとに、傘を持って家を出るかを決めて行動しています。

雨が降ることをコントロールすることはできませんが、傘をさすことで対策することはできます。

「高い確率で雨が降る」予測に対して、傘を持っていくという対策を講じることはできるのです。


そんな新時代、現代において、僕が最初に提案したいのは、「自分の人生を自分でコントロールすること」です。

このゲームの主人公であるあなた自身をあなたがきちんと操作、コントロールしていきましょう、ということです。

「そんなの当たり前だろう」と思う方も多いでしょうが、雨が降ったことに愚痴を言う人は自分の人生をコントロールしていません。

雨が降ったときに傘をさすことは自分の人生をコントロールしています。

外的要因を愚痴っても、後に同じ状況に陥ったときに、同じこと（この場合愚痴を言うこと）しかできないからです。

自分自身（内的要因）をコントロールすることで、雨が降ったという事象に対して、「天気予報を見ておけば、折りたたみ傘を持って家を出られた」など、反省が生まれ、次回からの自身の行動が変わります。これを経験と言い、知恵と言います。

多くのＲＰＧがそうであるように、この人生というゲームにも経験値が存在し、その経験値が一定量に達するとレベルがアップします。

そしてこの人生、実生活というゲームをどう捉えるかによっても、その後の攻略法が変わってきます。

セーブもリセットも効かない、一機（編集部注1）限りで攻略法もない一本道のくだらないゲームと捉えることもできますし、ある意味のセーブやリセットが何度でも効き、場合によっては機を増やせる、攻略法はたくさんあって、チームプレイもギルド作成（編集部注2）も認められているオープンワールドの素晴らしいゲームと捉えることもできます。

詳細は後述しますが、僕は基本的に全ての事象は捉え方次第だと思っているところがあります。

つまり見方を変えれば、くだらないゲームだと思っていた人生に光がさすこともある。

人生でも会社経営でも、なんでもそうですが、いいゲームならそのまま楽しめばいいし、くだらないゲームだと思っても、理不尽だと思っても、見る角度や立場、前提条件が変われば面白くなることもあります。

ゲームをできるだけ楽しんでプレイし、生き残り続けることで、経験値を得る機会が増え、レベルアップし、成長する。そうなれば、勝てなかった相手に勝てることもあるでしょう。

装備や戦略、パーティーを見直すことで、レベルは同じ状態でも勝てなかった相手に勝てることもあるかもしれません。

そんな楽しい瞬間を迎えるためには、まずは生き残り続けなければ話になりません。

まずはどう自分自身をコントロールし、生き残り、経験値を上げ、レベルアップしていくか。そんなところから考えてみましょう。

コントロールできるのは?

あなたの人生の主人公は当然あなたなので、アリアハン（編集部注3）の周りをうろちょろしよう、と思ったときにはあなたを操作（コントロール）しないといけません。

王様や村人をコントロールしようとしても、できないのです。

たしかに王様は、世界が一大事だというのに、旅立ちを前にして布切れと棒きれ、棒きれ一〇本分の小銭しかくれない。一言も二言も言ってやりたくなりますが、無意味です。

もらった棒きれで城の周りのスライムを倒しているほうが有益というものです。

こう書くと当たり前に思えることでも、「三〇万円の給付金を生活が成り立たなくなった人へ」と言ったり、「やっぱり一律全員に一〇万円の給付金を」と言ったりしたことに立ち返ってみると、どうでしょうか？

支給額が少ない、支給や対応が遅い、といった政府への声が随所で上がりました。

しかし、アリアハンの王様は昔からこうでしたし、日本の政府も、いつも仕事が早く、先手を打って、期待以上の効果的な給付金や助成金を用意してくれていたわけではありません。今回だけではないのです。

だから僕達も、「ラスボスを倒す」といった最終目標に向けて、目の前のスライムをコツコツと倒しながら経験値を上げ、お金を稼ぎ、装備を整え、酒場で仲間を募り、次の目的地まで進んでいくしかないのです。

「過去と他人は変えられないので、自分と未来を変えよう」とよく言われますが、それと同じです（ちなみに、過去と他人も捉え方は変えられると思っていますが、ここでは本題でないので割愛します）。

コントロールできる範囲を広げる

この本はもともと、「西村豪庸の社長工場」というポッドキャストから編集、再構成している関係上、「社長をつくろう！」ということで、起業をおすすめしていたり、社長や起業家に向けて話していたりと、基本的に起業を勧める内容が多くなっています。

その理由の一つには、僕が社員よりも社長のほうが、コントロールできる範囲が多いと思っているところがあるからです。

例えば、「いきなりリストラされた！」「左遷された！」というあなた、もちろん嘆く気持ちもわかりますが、ゲームとは得てしてそういうものです。

最近のゲームは、いきなり異世界に飛ばされるところから始まることも多いので、左遷先が異世界でもない限り、理不尽なことが自分に降りかかってきても、こういうゲームだったな、と思うしかありません。

基本的に、勇者は王様からはした金と恩着せがましいセリフだけをもらって、魔王を倒さないといけません。そう、あとは自分でなんとかするしかないのです。

雨が降ったことに愚痴を言っても現実は変わらないから、傘をさすしかありません。雨が降ったから計画が失敗した、と愚痴っていたら、次も雨が降ったら計画は失敗です。なぜなら、雨が降ることをコントロールすることは基本的に不可能だからです。

次に同じことが起こったときに、前回と同じように愚痴だけ言って終わるか、前回に学んで対策を講じていくか、長い目で見て、成功が近いのは明らかに後者でしょう。

同じように、「いきなり減給された！」などと給与の少なさを嘆き、愚痴る社員の話はよく聞きますが、役員報酬の少なさを嘆き、愚痴る社長、という話はあまり聞きません。理由の一つには、役員報酬（社長にとっての給与）は多くの場合、社長がコントロール可能だからです。

もちろん、利益が出ない状態であれば、役員報酬はゼロになってしまうこともありますが、一方、利益が多く出た場合、その利益をどう分配するかは、株主と社長で決めることになります。そして、日本の多くの中小企業ではたいてい社長が大株主であることが多いので（経営と資本が分離していないため）、利益を出した分だけ社長がある程度好きに使えてしまいます。

社長に年収を聞いても、あまり意味がないというのは、こういったところから来ています。

一方で社長には自由にできる分だけ、リスクや責任を取らなければいけない側面があります。これを僕は「責任が取れる範囲が自由の範囲」と呼んでいます。

（自由に使うという条件で）一億円を借りてしっかり返す責任を果たしている人には一億円が自由に使えますが、返す、という責任を果たせないと、自由に使えませんね。

同じように、100％の株主であり、しっかりと利益を出し、雇用を守っている社長が、きちんと納税し、取引先に迷惑をかけずに、役員報酬を多めに設定したところで、おそらく咎められることは少ないでしょう。

逆に、株主から集めた資金で、利益も出せず、従業員への給与が滞っていて、脱税していて、取引先には迷惑をかけっぱなしで、役員報酬だけ過大に設定している社長の末路は、想像に難くありません。

まだまだお話ししておきたいことはありますが、ここでは、あまり複雑化せず、取り急ぎ収入や、税金、仕事時間、仕事場所、仕事仲間や仕事方法など、社長のほうがコントロールできることが多いのでそちらをおすすめしているという程度に捉えておいてください。

本書でお伝えしたいことは、市場で生き残って経験を重ねて、価値を上げていく、レベルアップしていくことですから、必ずしも社長になることにこだわっているわけではありません。

あくまで、効果的、期待値の高い投資先として、自分自身や自社株をおすすめしている、というだけです。

自己投資をして自己資本を拡張して利回りを上げていくことで自分の収入や未来をコントロールしていく、ということが、お伝えしたい重要なテーマの一つです。

現実世界の「ゲームクリア」の条件とは?

次に、ゲームのクリア目標についてお話ししたいと思います。

まず、ほとんどの人がこのゲームをクリアするための条件を知りません。設定していない、気づいていない、定義づけていない、言い方はなんでもいいのですが、つまるところ、「人生の目的、目標」なんてものは僕も含めてたいていの人がきちんと設定できていません。

そもそも、目標とは達成能力ではなく、設定能力ですから、適正な目標を設定できれば、成功は遠くありません。たいていの場合、目標が達成できない理由はその目標が高すぎるからです。背伸びすればなんとか届くかな? というあたりに目標値を設定してゆっくり更新していくと、成功確率は高くなります。

何度か失敗したらイージーモードに切り替えるように、少し目標値を下げて成功体験を積むこともおすすめです。

一般的な市販のゲームの場合、目標、目的がはっきりしていることがほとんどです。

囚われたお姫様を助けるために、配管工としてひたすら困難を乗り越える。魔王が現れたので、勇者として王様に任命されて、魔王を倒して世界に平和を取り戻す。市長になって町をつくり、発展させる。国からの助成金一〇〇〇万円を手に鉄道会社を経営しながら、M&Aを繰り返し、資産拡大に努める。航空機からパラシュートで降下し、最後の一人になるまで戦い抜く、などなど（編集部注4）。

ですが、現実世界で「クリア条件」や「ラスボス」、「プレイ時間、残りプレイ時間」などを意識してゲームをプレイしているでしょうか？　少なくとも、僕は人生単位ではまだまだしっかりできていません。

ですが、僕はこの実生活ゲームのある程度の失敗パターンは経験してきたほうだと思うので、それについては有益だと考えることを、本書の中で随時シェアをしていきます。

そして、その大事なことの一つが、本項の冒頭でも話したこちらです。

「人生の目的、（最終）クリア条件は、どうなれば〈上がり〉なのか。あるいはどうなったら勝ちか、満足か、幸せか。多くの人はそういったことを定義できていないので、なかなかそこにたどり着けない」

例えば「豊かになりたい、お金持ちになりたい」という定性的な話より、「年収一千万円になりたい」「一億円の資産を持ちたい」といった定量的な話のほうが実現可能性は高まります。目標を定義づけすることで、明確化され、細分化しやすくなり、各ステップ、プロセスに分かれることになり、目の前のことを一つひとつ片付けていくと、それが目標達成に至るルートになるからです。

どんなに努力を続けても、正しいゴールに向けて、正しいルートをたどらなければ、当たり前ですが目的に達することはできません。

「はじめに」でお話ししたように、テーブルに座り続け、ゲーム盤に生き残り続ける限り、経験値は積み上がり、レベルは上がり、勝てるようになっていきます。

ですが、それは本来プレイしたかったゲームでなければ意味はありません。野球選手として成功したかったのに、サッカーで快勝したところで意味はあまりないからです。

まず、きちんと自分の求める結果、結論を定義づけることが大切です。そして、そのクリア条件を満たした人が絶対にいるはずなので（前人未到の偉業、クリア条件を達成したい人は僕なんかの本は読みません。この本をうっかり手にとって、ここまで読んでしまえている時点であなたは残念ながら僕程度のレベルですから、このまま話を続けます）、その人に直接聞く、教えてもらう、その人の書いた本を読む（攻略本を読む）、同じチームに入る、方法はなんでもいいのですが、適正な方向性で適正な努力を重ねれば、クリアは近づきます。

クリア条件をきちんと適正に定義できさえすれば、ゲームはクリアできます。

難易度はもちろん、それぞれのクリア条件次第ですが、結局そこも前述の通り、自分で調整できるので、あとは一つずつ実行していけば、きちんとしたクリアまでたどり着くことができます。

このステージで得たいものは、経験値？ お金？

あなたの夢や人生の目標・目的や、短期的な仕事での目標・目的、プライベートの充実、健康や身体的特徴にまつわる目標・目的、中期的な経済的目標・目的などなど、あなたなりのクリア条件をきちんと設定できたとして、他にもいくつか気をつけておいたほうがいいことがあります。

それは、「経験値を稼ぎに来ているのか？ ゴールド、ギル（編集部注5）などお金を稼ぎに来ているのか？」ということです。

これを意識したほうが、効率がいいし、本来の目的を見失いづらいのです。

実生活というゲームも一般的なRPGも、程度の差はあれど、基本的には経験値とお金が「なんとなく両方」手にはいります。

スライムを倒しても、適当につまらないバイトを嫌々こなしても、少ないながらも経験値とお金が同時に手に入ります。アリアハンの周りだけをひたすらうろついて、スライムを倒し続けてＬｖ．99（編集部注6）を目指し、王様から授かった棒きれでラスボスを倒せなくもないのでしょうが、それが果たして効率的にゲームクリアに至る方法でしょうか？

おそらくそうではありません。

あるフェーズでは、目の前のスライムを倒すことに集中する必要がありますが、それを繰り返して適正な経験値とゴールドを得たあとは、橋を渡って次の村へ向かい、装備を整え、経験値とゴールドを稼ぎ、また次の目的地へ。

やがて成長してラスボスを倒すまで、この基本的な流れは続きます。このとき、どんどんとステージを変えていく必要があります。そして、自分が成長していく過程では、経験値をたくさん獲得できるステージもあれば、ゴールドがたくさん獲得できるステージもあります。

そして、経験値とお金をなんとなく両方獲得しようとするより、ステージをしっかりと自分で選び、経験値かお金のどちらか片方を獲得することに重きを置いたほうが効率的なのです。

それぞれのステージには、メタルスライム、はぐれメタル（編集部注7）など経験値をたくさん獲得できるけど、なかなか遭遇しないし、すぐ逃げるようなモンスターもいれば、おどるほうせき（編集部注8）のように経験値はそれほどでもないけれど、ゴールドはたくさん獲得できるモンスターもいます。

一生懸命にはぐれメタルを倒しているけどお金が貯まらないと嘆いたり、一生懸命におどるほうせきを倒しているけれど一向にレベルが上がらない、と嘆いていたりするプレイヤーはあまり見ません。しかし、実生活ゲームでは似たようなプレイヤーを見ることがあります。

例えば、ワタミグループ創業者の渡邉美樹さんが独立開業資金を貯めるために、佐川急便のセールスドライバーをしてお金を貯めたのは有名な話ですが、いくつかのインタビュー記事によると、その前は経理の会社に勤めています。また、その前の大学時代は、次の二つの目標をもって大学時代を過ごしています。

1. 何の事業で起業するか決める。
2. 社長としてのマネジメント能力を身に付ける。

この二つが大学時代の渡邉会長兼グループＣＥＯのクリア条件でしょう。

そしてそのために渡邉会長はたくさんの旅行をして見聞を広め、起業する事業を外食産業に決め、県人会に入り、幹事長になりマネジメント能力を身に付けたそうです。


大学卒業後、経理の会社に勤めたのはバランスシートの読み方を覚えるため。つまり、経験値重視のステージです。そして、そこから佐川急便のセールスドライバーになったのはお金・ゴールド重視のステージだったということです。

おそらく経理の会社に勤めていたときの渡邉会長に「給料が低くて大変でしょう?」と聞いても、「この人は何をとんちんかんなことを言っているんだろう」という顔をされたでしょうし、佐川急便に勤めていたときの渡邉会長に「飲食の経験が得られなくて辛いでしょう?」と聞いても同じ顔をされるでしょう。

「二兎を追う者は一兎をも得ず」ということわざがありますが、最初のうちは、完全に効率的な行動なんて取れないものです。仕事でも社会でも、なんでもそうです。

まずは自分の得たいものが「経験値」なのか、「お金」なのかをしっかりと見極めて、どちらかに集中して行動を起こしていくことが結果的に効率的だと思います。

例えば飲食業には同じ見習いでも「アプランティ」という給料の出る見習いと、「スタジエール」という給料の出ない見習いがあります。

「スタジエール」からスタートして、給料の出る「アプランティ」になり、どんどん知識・技術・経験を身に付け、レベルアップしてシェフになり、独立開業してチェーン展開して大富豪になるのがクリア条件だとして、最初の一歩のスタジエールとして働く店の条件は、無給と引き換えにしてでも得たい経験値があるかです。

最初の一歩で高給、高待遇でお金にもなるけれど、勉強できて経験値にもなる場所に行ける引きの強い人はこの本を手に取るような引きではないので、ここまで読んでしまえているあなたは、残念ながら最初の一歩はどちらかからスタートしなければならないのです。

そして、迷ったら最初の一歩は経験値重視にすべきです。

極論、10：0で経験値にステータスを振り切った状態がスタジエールだとして、8：2とか7：3くらいには経験値重視で最初の一歩を決めるべきです。なぜなら、どうせこのフェーズで10：0でお金に振り切った選択をしたところで、たいしたお金にはならないからです。

あなたが二〇歳の独立志望者だと仮定して、月収一五万円しかもらえないけれど、経験値が大量にもらえる店で三年間過ごすのと、月収三〇万円もらえるけれど、経験値は三年後も全く同じ状態の店があったとします。三年間でもらえるお金は五四〇万円と倍の一〇八〇万円ですから、一年で一八〇万円、三年で五四〇万円の差です。チェーン展開して大富豪になれれば、この違いは誤差の範囲です。

一方、月収三〇万円のまま、三年、五年、一〇年と続けていくと、いつかその高給、その高待遇もものの足りない年齢、環境になりますし、その待遇が一生続くとは限りません。いいえ、成長し、変化していかない限り、むしろその待遇や給与は無くなる可能性のほうが高いでしょう。

もちろん「やりがい搾取」の言葉に代表されるような、盲目的な、視野狭窄に陥った修行時代を数年、数十年続けていきましょう、という話ではありません。まずは自分に投資していくことで自分の価値を上げる、そのために経験値を重視したステージを選んだほうがいいのではないか？　という提案です。

自分の価値を現金化するのは、もう少しあとで大丈夫です。

現金化のタイミング、収穫のタイミングは我慢して後ろに倒したほうが長期投資的な観点では儲かります。

種籾をその場で食べるか、畑に蒔いた種籾を一年で収穫して食べるか、収穫と種まきを何度も繰り返して、数年後に本当の収穫をするかと同じです。

もちろんその場で食べるのが一番利益は少ない。収穫の度にそのまま種籾として蒔いていれば、複利・二次関数・指数関数で増えていきますから、利益は増えていきます。

自分の価値を早期に、しかも中途半端にそのときの高値で現金化すると、そのときは賢く立ち回れたつもりでも、長い目で見たらもっと頭のいい人に買い叩かれる羽目になります。

インターネットやＳＮＳの発達のおかげで、高度に知識・情報が共有され、すぐに合理的な最適解がシェアされるようになりましたが、その恩恵の陰に、最適解や最も合理的な情報が多すぎて、常に存在しない完全な場所、物を探す人が多くなったように思います。

もちろん、一挙両得、一石二鳥、というような効率的なこともあるでしょうが、一羽目の鳥を捕る前から、二羽同時に仕留めようとして、一羽目を仕留める絶好の機会を見逃していませんか？　ここでの目的は獲物を獲得して、その日の糧を得て、生き延びることのはずです。それならば、まずは下手な鉄砲でも数を撃って当てていくほうが、その日の夕飯の食卓に肉が上る可能性は高くなるでしょう。

本当の「ゲームオーバー」とは?

さて、続いてはクリア条件の設定やステージ選びと同じように、ゲームオーバーの条件を定量的に定義、明確化します。そうすることでゲームオーバーを回避しましょう。ゲームオーバーだと思っていたら、実はコンティニューが効いた、なんてことも多いものです。

まず、個人のゲームオーバーを考えます。これを「死」以外にすると、突然ゲームが辛く、ハードモードになるので、個人のゲームオーバー条件は死亡に設定しましょう。生きていればたくさんの災難や嫌なことがありますが、そんなことをゲームオーバー条件にしていたら、キリがありませんし、辛くなるだけです。

お金が無くなった、友達がいなくなった、家族がいなくなった、恋人がいなくなった、なんでもいいですが、いろいろなものを手に入れては失うゲームを生きているなかで、特にわかりやすく「もう終わりだ」と口にされやすいのが、お金を失ったときです。

僕にももちろん、大金を失った経験、大借金を負った経験もあります。ですが、そこで僕がゲームオーバーとしなかったのは、死ななかったからです。

「〜〜がなくなったからもう終わりだ！」と言えているうちはまだ終わっていません。「言えている」のは「生きているから」なので。生きている限り、チャンスはあります。絶対。

だから、極論、お金が無くなったことによる倒産が法人の死亡だとして、個人の破産は所詮リセット機能の一部でしかありません。

あなたの所有する法人が倒産したら、法人としては死亡したことになりますが、あなた個人が殺されるわけではありません。

もちろん、周りに迷惑をかけないに越したことはないですが、迷惑をかけないことが目的でもないので、自分の電源を自分で切りたくなるくらいなら、リセットボタンを押しましょう。絶好調であなたを負かしていた隣の友人には、しばらくキレられるでしょうけれど。

あなたが配管工として例の毎度さらわれる姫を救いに行くとして、「キノコを食べるまでは亀に当たっただけで死ぬ」し、「一度も落ちるわけにはいかない」のは一機しかないときですね。

赤いキノコを食べたら体が大きくなり、多少のダメージを許容できるようになり、緑色のキノコを食べた日には一度くらい崖から落ちても大丈夫になります。

つまり、この状況下、前提条件では、「落ちるわけにはいかない」のでも「敵にあたるわけにもいかない」わけでもなく、「何度落ちても、敵にやられても、最終的に生き延びて目的である姫を救出できるまで続ければいい」のですね。

会社やお店を一度失敗した、くらいではゲームオーバーにはなりません。

追加の百円玉を投入すればまた、コンティニューはできます。

失敗しても、傷ついても、最後まで続ける。ひどい言い方ですが、なんとかなるまで、なんとかすれば、なんとかなるものです。

しかも、現実世界ゲームでは1P（一人プレイ）に限定されているわけではありません。チーム、クラン（編集部注9）、パーティー人数に上限は設定されておらず、いくらでもチームプレイが許されています。

うまくいった状態を残しておいて、後々そこに戻るような「セーブ機能」は実生活にはありませんが、ある程度利益が出たら利益確定をしましょう。買う、出かける、など好きなことをして楽しんでしまってください。

その楽しんだ気持ちや思い出まで、破産や倒産というリセットボタンは奪えないので、ある意味それが、セーブになります。

法人は数百年生きながらえることもできますが、個人は基本的に致死率100％の人間病という病気を患っています。

総プレイ時間が限られていることにも気づいていない、あるいは見ないようにしているプレイヤーは、プレイ終了間際にもっと自分の気持ちに素直に従って、したいことをして、冒険しておけばよかった、と言います。

僕にもあなたにも、ゲームの終わりが訪れます。
願わくば、エンディングを満足気に眺めるようなゲームの終わり方をしたいものですね。

高い期待値に賭け続けて、生き残る

これまで、この世界で成長し、最終的に勝ちを拾うためには、適者生存、進化、変化をし続けて生き残ることが重要で、そのために外的要因に左右されず、内的要因である自分に集中、投資することで状況をコントロールすることができるとお伝えしました。

そのコントロールできる範囲が多い選択肢の一つとして、起業、社長になるという提案をしました。あなたの人生、実生活というゲームを俯瞰して見たときに、クリア条件、目的、目標は何かを考え、きちんと定義し、その達成のために経験値を稼ぐステージとお金を稼ぐステージがあり、そこにたどり着くまでにセーブやリセット、チームプレイやコンティニューができること、また、ゲームオーバーとはどんなときかもわかりました。

次の章からは、改めてどういった立ち回りをすればゲームを楽しめる確率が上がるのか、どんな戦略、戦術があるのかを詳細にお伝えしていきますが、ここでは、このあとに続く章にも重要な考え方の基本をお話ししたいと思います。

それは、基本的に僕達は高い期待値に賭け続けるべきで、目先の勝敗、出来事に一喜一憂すべきではない、ということです。

順を追って説明していきます。

飲食店でバーテンダーやギャルソン、ソムリエといった仕事をしていた当時、後輩にサービスという仕事を教えるにあたり、言っていた言葉があります。

それは、「サービスとは高確率に賭け続けるギャンブル」だということです。

例えば、レストランに入店したお客様が、席につくなり、薬をテーブルの上に出した。そのとき「白湯を持っていけば必ず喜んでもらえる」と言い切れるほど、サービスは単純ではありません。

食後に忘れずに飲むためにとりあえず薬を出したのかもしれないし、薬であろうとも氷水で飲みたいお客様もいるかもしれません。そもそも薬を飲むところを見られたくない可能性もあります。

しかし、白湯を持っていくことで、ああ、この人は薬を飲もうとした私のことをわかってくれて、「わざわざ白湯を持ってきてくれたんだな」と喜んでもらえる確率が高いでしょう。そこで、薬を出したお客様には毎度、白湯を持っていっていました。

しかし、あるとき前述のように氷水で飲みたいお客様がいらっしゃり、「こんなに暑いのに白湯なんて持ってくるな！　頼みもしないのに！」とお叱りを受けたとします。

さて、次回また違うお客様がご来店したとして、このサービスマンはどんな行動をとるべきでしょうか。

僕が教えていたのは「白湯を持っていく」ことでした。

ここで、「白湯をやめて、次のお客様にも氷水を持っていく」ほうがしてはいけないことです。なぜなら、喜んでもらえる確率が低いからです。

１００％確実に喜んでもらえるサービスなど、存在しません。人によっても、ときには同じ人でも気分やコンディション等によって、同じことをしても喜んだり悲しんだり、怒ったりする。人間はそういった生き物なのです。

あるのは高い確率、期待値で喜んでもらえる、という行動のみです。

つまり、一度や二度、短期的に失敗したことを長期的な行動指針に影響させるべきではないのです。

完璧なスイング、フォームをつくり込んだプロゴルファーと、適当なスイング、フォームのアマチュアゴルファーが勝負をしたとして、１ホールだけアマチュアゴルファーが奇跡のホールインワンでプロを下すこともあるでしょう。

しかし、18ホール続けて、適当なスイング、フォームでプロに勝ち続けられるか、18ホール通して評価したときに勝利をつかめるかといえば、その答えは否でしょう。

同じように、僕達は短期的な視点で自らの行動や結果を評価するべきではなく、その行動を続けていったとき、大数の法則に確率が集約したときに、プラスになっているかどうか、で行動しなければなりません。

そして、その視点からも僕は起業をして、長く生き残っていくことをおすすめしています。僕は起業と会社経営をある程度してきたので、少しは経験を話せるかなと思うのですが、結局、起業は、期待値がプラスに歪んでいる状態なのです。

一方で、起業をすることが、とても大きなリスクのように語られることがあります。そのことについてこれから説明をします。

一〇年で九割が倒産の嘘

たしかに起業をした人は、公務員や安定した大企業に勤める人に比べて、収入が不安定になりやすいことは事実の一端ではありますが、僕は起業が一か八かのように語られることに、違和感を持っています。

「起業はハイリスク・ハイリターン」

「大儲けできるかもしれないけれど、大損して借金を抱えるかもしれない」

こんなふうに語られることもあると思いますが、実際の起業のリスクとリターンには一般的な認知以上に、歪みが生じています。

代表的な例としては、まことしやかに囁かれてきた嘘、つまり見出しの「一〇年で九割の会社が倒産する」というものです。

まず、この「一〇年で九割の会社が倒産」の根拠となるデータには、ソースがありません。

昔、日経ビジネス電子版でこう書かれたことがありました。

「ベンチャー企業の生存率を示すデータがあります。創業から五年後は15・0％、一〇年後は6・3％。二〇年後はなんと0・3％です。非常に厳しい。」

しかし、これに根拠となるデータの開示はありませんでした。

一方、例えば中小企業白書の「起業の実態の国際比較」を見てみると、開業率も廃業率も日本は一〇年後も一五年後も4〜5％前後であることがわかります（編集部注10）。いったい、一〇年で九割倒産するという脅しのような、起業反対派の「錦の御旗」の根拠は、どこにあるのでしょうか。できれば教えてほしいくらいです。

そもそも、基本的な考え方として、リスクとリターンは釣り合っているものですが、なかにはリスクとリターンが歪んでいることも多いのです。こういった市場の歪みを橘玲さんは「黄金の羽根」と呼び、「お金持ちになれる黄金の羽根の拾い方」として約二〇年前に教えてくれていますし、世の成功した人達は、成功すれば天井知らず、失敗しても出資金の範囲内で責任を取ればよく、自己破産でリセットできる起業を「リスクとリターンが歪んでいる」と認識してどんどん行動を起こしています。

成功が青天井だとわかりにくければ、起業を単純化して数字にしてみましょう。

A．一回ガチャを回すのに、一〇万円かかる（資本金、参加費）。

B．10％の確率（一〇回に一回）で一〇〇〇万円が当たる（一〇〇〇万円の利益が出る）。

さすがに単純化しすぎに見えますが、こんなガチャなら一〇回、回しますよね？　一〇回で当たらなくても、二〇回くらいまでは回してしまうのではないでしょうか？　確率論、期待値的には正しい行動です。

A、B二つの前提条件がきちんと正しいものなら。

しかし、実際の起業はこんな感じだと思います。一〇回連続で失敗した人なんてあまり見たことがないですし（勝ち負けを単純に50％の事象とした場合、一〇〇〇分の一以下の確率です）、勝率を10％以上にする努力は随所でできます。

つまり、起業は「一か八かのギャンブル」になることもあれば、「ほぼ勝てるゲーム」

になることもある。その違いを生むのが、「前提条件」、ゲームでの初期設定やルールなどです。これは例えば、業種業態、出店場所、価格設定などさまざまなものが挙げられます。

こうした前提条件が自分に有利なところをうまく探すか、自分に有利な前提条件をうまく設定し、整えれば、もともと、「失うものは少なく、得るものは大きい」という有利に歪んだ起業という選択肢が、さらに自分に有利に歪んだものになります。

年商一億円の会社は誰でも作れるし、年収一千万円なんて誰でもなれる

さて、どんどん行きましょう。続いてのショッキングな事実はこちらです。

「年商一億円の会社は誰でも作れるし、年収一千万円なんて誰でもなれる」

「まあ、そうでしょうね」と言う人は可愛くないので、ここでもう読むのをやめてください。買っていただけただけでありがとうございます。どこかで会ったらお礼に一杯奢りますからそれで勘弁してください。「種も仕掛けもありません」と手品師が言うのに「そんなわけないだろう」とツッコミを入れるようなものです。それは無粋ってやつです。

正解の反応を教えます。

「ええ？　年商一億円なんて夢のまた夢だし、年収一千万円なんて、選ばれしものの称号だよ」です。はい、できましたね？　続けます。

「年商一億なんて夢のまた夢」と言っていたあなた、残念ながらその金額は平均以下です。

中小企業庁のホームページの中に「中小企業実態基本調査」という項目があります。そこを紐解いてみるとわかりますが、「一企業当たり売上高」つまり、中小企業の平均年商は年によって多少のバラツキはあるものの、僕がこのサイトを見始めた一〇年、一五年前からずっと一億四〇〇〇万円～一億七〇〇〇万円くらいが平均です。

例として令和元年の調査の概要数字（平成三〇年度）を少しここに書いておきます。

・一企業当たりの売上高は一・五六億円（前年度比9・0％減）、一企業当たりの経常利益は六五九万円（同10・7％減）。
・法人企業の一企業当たりの売上高は、三億一一九六万円（前年度比10・1％減）、個人企業の一企業当たりの売上高は、一三七四万円（同2・0％増）。
・法人企業の一企業当たりの従業者数は一五・七人（前年度比4・8％減）で、個人企業の一企業当たりの従業者数は二・六人（同2・0％減）。

・社長（個人事業主）について、年齢別割合が最も大きいのは六〇歳代（30・0％）、在任期間別割合が最も大きいのは三〇年以上（35・8％）。

ちょっとわかりにくいのは「法人企業」と「個人企業」の違いくらいでしょうか。つまり、法人として会社登記している「法人企業」か、「青色申告や白色申告などを行っている、いわゆる個人事業主」かの違いです。

別の言い方をすると、法人企業に限った場合、実は平均年商は一億円ですらなくて、三億円です。平均点三〇点のテストで一〇点を取るのがそんなに大変か？　ということをここでは言いたいのです。

そして、ここでも先程の理屈を補強する材料がありました。「在任期間別割合が最も大きいのは三〇年以上（35・8％）」。一〇年で90％倒産するのではなかったのでしょうか。

同じように、年収一千万円の人の割合を知っていますか？　さすがにこちらは平均以下とは言いませんが、「民間給与実態統計調査」で見るとだいたい5％前後、二〇人に一人くらいいます。一クラス四〇人の中の二人です。これは、レアキャラでしょうか。どうしても到達できない水準でしょうか。一万人に一人ではなく、二〇人に一人。なんとかなりそうな気がしませんか？

はい、なんとかなります。それがあなたにとってのクリア条件で、適正なステージで戦い、生き残り、レベルを上げていくことができれば。

ね？　世間一般に信じられているまことしやかな嘘の実態なんて、こんなものです。

Lv.99を目指さなくて大丈夫

ここまで見てきたように、全人類期待の星、唯一絶対、たった一人の勇者がLv.99になってやっと魔王を倒したとされているけれど、実際はそんなことはありません。

唯一絶対、たった一人だったレアキャラは、魔王だけです。倒したら世界に平和が訪れたから、世界で最も影響力があって、本当に一人だけだったのでしょう。

次にレアなのは王様です。各国に一人ずつしかいませんでしたから。

主人公である勇者は唯一無二、たった一人ではありません。あなたにとってあなたが、僕にとって僕が、唯一無二で、たった一人の主人公で勇者ではありますが、勇者は言い換えると村人なのですよね。

勇者はたくさんいたのです。今も、たくさんいるのです。

魔王、魔族は種族です。魔族の王、唯一無二の存在です。

王様、王族は人間の中のレアキャラです。だいたい数人〜数十人です。

勇者は同じ人間の、職業、肩書の一種です。魔法使い、戦士、僧侶、賢者、遊び人、商人、武道家と同じです。

そう考えると、王様の仕打ちにも納得がいきます。

この世界を救う、唯一無二の手立てである勇者に対して、王様はずいぶんな仕打ちで冒険に出ろと言うものだと思っていたのですが、あれはおそらく三〇分とか一時間刻みでいろいろな勇者に同じことをやっている。だから、あの程度のものしか最初にもらえないのです。

王様なりのリスクヘッジというか、分散投資だったわけです。

勇者も、「村人1」と変わらぬモブキャラ（編集部注11）だったことがわかりました。そして、そんなどこにでもよくいる勇者が、それなりに幸せに冒険を続けて、魔王やラスボスを倒すのに、必要なLv.はだいたい35前後であることが多いものです。

やりこみ要素（編集部注12）を否定したいわけではありませんが（どちらかというと僕自身は気に入ったゲームはLv.最大、カンスト（編集部注13）までやり込むタイプなので）、ゲームクリアに必要な最低条件、十分条件なんて、最大値から30～40％程度なことが多い。

四〇〇万社以上中小企業が存在するといわれている日本で、さすがに社長が唯一無二の存在だと思っている人はいないでしょうが、四〇〇万人も社長や勇者がいると思っていましたか?

そう、社長は思っているよりずっと簡単になることができます。

資本金の最低要項も撤廃された今、数十万円の登記関連費用を捻出すれば、すぐ社長にはなれるのです。

一方、総務省によると、部長の数は四〇万人ほど。部長のほうがずっとレアな存在ですよね。

変化を恐れず、幸せに生き残っていく

リスクとリターンは歪みが生じるものだから、起業はほぼ勝てるゲームになり得る。そして、その選択がそんなに高いハードルでないこと、レアでないことがわかったとして、それでもあなたが起業が怖いと思う理由は何でしょうか。その対処法をお話しして、次に移りたいと思います。

そもそも、先程の「九割が一〇年以内に倒産」というネガティブ情報が蔓延している理由は、僕達の脳の構造のせいです。

基本的に僕達の本能部分は原始時代となんら変わっていませんから、あそこに猛獣がいる、とか、この毒キノコは危ない、というネガティブ情報のほうが、生死に関わるため、重要なこととして信じ込むし、周りに伝えやすいという性質があります。

スマホもSNSもない時代には、ガセネタであっても、ネガティブ情報を鵜呑みにしたほうが、生存確率が上がったからです。「あそこに猛獣がいる」という情報がガセネタでも、信じて近づかないほうが、生存できた、ということです。

同じように、変化を怖がるのも、原始時代の脳構造によるものです。昨日と同じ道を通れば、実はそこが流砂だった、とか猛獣の巣だった、といったことは少なくなります。だから、変化は怖いし、ネガティブ情報を全部鵜呑みにして信じたほうが、種の本能に近いのです。

しかし、残念ながら今は二一世紀。連載当初の設定での猫型ロボットの誕生日は過ぎてしまうくらいの新時代です（編集部注14）。ガセネタのネガティブ情報を鵜呑みにして、昨日と同じ今日が来ると思って変化しないことが、一番のリスクになるかもしれない時代です。こんな時代を幸せに生き残っていくためには、冒頭から繰り返しているように、変化を恐れず、進化を続けて状況に適応、対応していくことです。

編集部注

1　ゲームオーバーとなるまでのミスの許容回数が一回のみであること。

2　ゲームを進める際に、オンラインで情報交換などを行うグループを作ること。

3　「ドラゴンクエストⅢ」のスタート地点となる場所。

4　順に、「スーパーマリオブラザーズ」「ドラゴンクエスト」「シムシティ」「桃太郎電鉄」「PLAYERUNKNOWN'S BATTLEGROUNDS」というゲームを指す。

5　ゴールドは「ドラゴンクエスト」、ギルは「ファイナルファンタジー」の通貨単位。

6　RPGで、プレイヤーが上げることのできるキャラクターのレベルの最大値。

7・8　ドラゴンクエストシリーズに登場するモンスターの名称。

9　同じ目的を持つプレイヤー同士の集団。

10　「開廃業率の国際比較」の2001年から2015年までのデータによる。

11　漫画やアニメ、ゲームなどに登場する名前を持たない群衆。

12　ゲームをプレイする際に、クリアする目的とは直接関係のない分野を追求できる余地のこと。

13　スコアや所持金など、ゲームで上げることのできる数字が上限値に達し、カウントできないこと。

14　「ドラえもん」は連載当初21世紀からやってきたという設定だったが、途中で22世紀からやってきた設定に変更された。

第2章

幸せな起業、
生き残るためのクリエイトの方法

幸せに気づくため、幸せを定義する

　ここからは改めて、さらに具体的な「幸せな起業、クリエイト」を行う方法についてお話ししていきたいと思います。

　というより、結局それしかしてきていないので、これ以外のことは話せないのです。例えば「職場に気に入らない上司がいるんですけど、なんとかうまくやっていく方法はありませんか？」といった質問には、「辞めちゃえば？　辞めて自分でやんなよ」という答えばかりになってしまいます。

　社会人としてどうなのだろうと自分でも思いますが、仕方がないですね。これで社長を二〇年以上続けてきてしまっているので。まあ、周りのおかげでやってこられたのですが。

　さて、そんな僕でも二十数年、それなりに幸せに社長をやれています。その理由の一つに、きちんと「幸せ」を定義していたことがあると思います。

よく言いますよね「幸せはなるものじゃない、気づくものだ」と。

その通りなのですが、その気づき方がわからないという方もいます。それは、定義をしていないからです。

クリア条件と同じように、「これが幸せ」という定義をしないと、人それぞれ違う幸せに、気づくことができません。


「僕達は幸せになるために生まれてきた」とたくさんのアーティストが歌っています。

そしてそれが正解である理由は、幸せというステータス（ここでのステータスは「物事の状態」を意味します）を望んでいることに誰も異論がないからです。

「お金が一億円以上常にあることが幸せ」と思っている人でも、「いつも愛する人や家族と一緒にいることが幸せ」と思っている人でも、「一人で好きなだけゲームしてることが幸せ」と思っている人でも、幸せになる理由、条件、状態と結果が違うだけで、「幸せ、というステータス」を望んでいることは同じです。

だから、「家族を路頭に迷わせるような不幸な起業はできない」から始まって、「家族みんなを年に一度はファーストクラスでハワイにつれていけるような、幸せな起業をして、幸せな会社経営を続ける」に続いて、ということは、「年間の生活費は一五〇〇万円、旅行に五〇〇万円使いたいから、貯金と合わせて三〇〇〇万円毎年収入がある状態がいいな」というように、自分なりの幸せな状態、「幸せ事業計画」を定量化して、定義します。これをしなければ経験値を上げても幸せかどうか気づけないし、気づけないというのは、体験できていないことと同じなので、幸せになれません。

ちなみに、僕が父親から受け継いだ最初の幸せの定義の一つは、「足が伸ばせる風呂に入れる」でした。西村家は借金だらけだった時代があるので。

だから、今でもたまに、どうしようもないときでも、風呂場で一人、「ふむ、幸せだな」と思える自分がいます。飲める水で入浴できて、足が伸ばせて、さらに自分の排泄物まで飲める水で流せるうちは、「大丈夫だろう」と思う自分がいるのです。

極端に幸せハードルを下げてください、という話でもないのですが、まずこの「自分自身が幸せな状態」をきちんと決めたほうがいい。決めようとしているうちにいろいろなことにも気づけますし（例えば、案外お金は必要ないとか、逆に、思っているよりお金が必要だとか、お金があっても仲間がいないと幸せとは思えないんだな、など）、幸せの定義づけはおすすめです。

そして、きちんとした定義づけ（クリア条件、ステージ選択、ゲームオーバー条件）の把握ができれば、人間の脳はインターネットのような性能を持っているので、定義づけされた検索キーワードさえ入っていれば、きちんと最適解を選んでくれるようになります。

これが、いわゆる「目標は紙に書くと実現する」メカニズムです。

自分の脳、潜在意識に検索キーワードを入れて生活してみましょう。

そんなことでうまくいくのだろうかと思うかもしれませんが、脳はそういう構造になっています。よくある説明ですが、試しに出勤前に「今日は赤いものを見つけてみよう」と思って出勤してください。カラーバス効果と言って、潜在意識下で、赤いものを探しているので、目につくようになるのです。

実際に、一〇年前くらいだったでしょうか、妹が、父親のプリメーラワゴンを事故で廃車にしてしまったことがあります。怪我がなくて良かったのですが。それで僕は「プリメーラの代わりにパナメーラ買ってやるよ！」と冗談が言いたくて、ポルシェから出たばかりのハッチバッククーペ「パナメーラ」を代わりにプレゼントしたことがあります。その年の年末に、実家に帰ったときに、父親が僕に「最近、ポルシェ増えたなあ」と言ったのです。「いや、増えてないって」と思ったものです。

自分の奥さんが妊娠すると、街に妊婦が増えたように感じる旦那さんと同じです。少子高齢化社会であることは変わらないのに。

これらも、定義づけて、意識すると気づけるようになるいい例です。

お金で買えない大事なものは、お金がないと持ち続けられないことが多い？

定義づけをきちんとして、自分なりにどうゲームをクリアしたいか、どこまで行きたいかを設定してみると、「案外お金は必要ないな」と思うことも多いと思います。今の時代は特に。

「草食」という言葉がありますが、一昔前の経営者のようなガツガツとひたすら拡大、生産して、消費のサイクルを回す必要はないのでは？　という風潮が若者を中心に、かなり広がりました。

そもそも長く続いたデフレ不況の功罪両面でしょうが、「食事は宅飲みでもいいし、サイゼリヤでもいいし、洋服はユニクロ、ＧＵで十分。家は実家もあるし、田舎に引っ越したっていい。改めて無理したり、やせ我慢したり、不必要にカッコつけるほうがカッコ悪いしイケてないよね」という文脈になってきていたところに、コロナの一件があった。

それこそ、「無理して行きたくもないのに行っていた一流レストランのご飯」「無理して買いたくもないのに買っていた一流ブランドの洋服」「無理して住みたくもないのに、住んでた一流タワーマンション」、これらはいよいよ必要とされなくなりました。

「だって全部Ｚｏｏｍで済むし」「今、効率的だよね」となったのです。


これから、消費はもっと落ち込むでしょう。なぜなら無理をしなくていいからです。

少し前（それこそコロナの一件の前）までは、それでも「港区おじさん」に代表されるような経営者が、「いや、若者だって金があったら、うまいものを食べたいし、いい服も着たいし、いい家にも住みたいだろう。あの葡萄は酸っぱいって言ってるだけでさ」などと言っていましたが、僕はちょうど一九八〇年生まれで、そういった先輩経営者さん達（一九七〇年代生まれか、それ以前）の言う理屈と感情もわかるし、少し後輩の経営者達（一九八〇年代後半から一九九〇年代生まれ）が本気で、「サイゼリヤ、ユニクロ、田舎もしくは実家の何が悪いの?」と言っている気持ちもわかるのです。

ちょうど、どちらの世代にも友人がいる、真ん中くらいの世代ですし、お金持ちも、貧乏も、ミニマルな生活も贅沢な生活も、どちらも経験してきましたから。

そんな僕自身がすごくしっくりきていた言葉が、「お金じゃ買えない大事なものは、お金がないと持ち続けられないことが多い」です。
「世の中、お金だ！」と思っていた時代は僕の中には一秒もなくて、友達、家族、恋人、社員、なんでもいいのですが、人や愛情、友情など、「いろいろ大事なものってあるよな」と思って生きてきました。しかし、例えば夫婦喧嘩をしている世界中の家庭に、好きに使っていいお金として一〇億円があるとする。それでも喧嘩になるような、本質的にお金に関係なく喧嘩をしている夫婦は、全体の一割未満なのではないかと思って生きてきたところはあります。

だから僕は、お金では買えない大事なものが比較的多くあると思っていて、それを健全に保ち、持ち続けるためにも、お金はある程度必要だと思ってきたのです。

それでも最近は、いよいよお金は必要がなくなってきています。
もちろん、資本主義社会を生きているので、全く必要ないとは言わないし、「資本主義社会は近々終焉を迎える」という話をしたいわけではありません。昔より、好きなことを好きなように快適にやっていくのに、ベーシックインカムではないですが、最低限のお金でできるようになった。そもそも、日本に生まれ育っている時点で世界から見たらトップ数%の富裕層だと思いますし、この衣食住が十分に事足りている世界で、戦後の三種の神器のように、生活を向上させよう、とかテレビがほしい、とか、「物理的な獲得」から幸せになろうと思っても難しいと思うのです。最初からクオリティの高いものがそこここに普通にあるのですから。

しかも、今のミレニアム世代などはいわゆるデジタルネイティブで、子供の頃から、当たり前にインターネットもスマホもSNSもあるのです。

何が言いたいかというと、こんな状況下なので、コロナで明確になった、「無理して贅沢や経済的成功や規模の拡大を追いかけなくても、幸せに生きていける」層がより大多数を占めていくであろう今後の新時代には、「お金で買えない大事なものは、お金がないと持ち続けられないことが多い」ということですらなくなるかもしれない。だから、この言葉はいま末尾に「?」がつきます。

こうした状況では、ビジネスを立ち上げてお金を稼ぐだけでは「幸せになる」説得力がありません。

だから、「自分なりの幸せ」を定義づけて、必要なお金を稼ぐ、必要なステージを選ぶ、ルートをたどる（必要な生き方をする）、そして理想のエンディングを迎える必要があるのだと思います。

さあ、そんな新時代をどう変化、対応して生き残りましょうか。次にもう少し詳しくこの流れについてお話しします。

みんなモテるために生きている？

変化の激しい新時代を生き残るためには、新しい価値観を常に取り入れ、受け入れていかなければなりませんが、当然変わらないもの、普遍的なものもあります。
そのうちの一つにこれまでもよく口にしてきた、「種の本能」があります。

僕達は基本的に死ぬようにはできていません。頑張って生きるよう、つくられています。基本的には（運良く五体満足な場合）、うっかり呼吸することを忘れることも、鼓動を打つのを忘れることもなく、無意識に生命維持がなされます。ここも潜在意識とホメオスタシス（恒常性）が司ります。

そして、生き物としてDNAを残すため、また生き残るため、プライベートでもビジネスにおいても「モテよう」として生きています。前項でお話ししたような草食男子も港区おじさんも、それがイケてる、モテると思って行動しています。

孔雀が羽を広げていると思ってください。その羽を広げる、アピールする方法が、ある世代、年代では「僕はかけっこが速いよ」だったり「俺、ワルだぜ」だったり、「私、頭いいですよ」だったり、「拙者、お金持ちでござる」だったりするだけで、そのときに最も良いと思っている方法でアピールしているわけです。

だから、「ＢＭＷに乗っていればモテた」時代から、「エコカー、カーシェアリング、そもそも車は必要ない」という時代まであるわけです。


それで、今の孔雀の羽がどうしてＳＮＳなのか？　「一番歩留まりがいい投資」だからです。

これだけだとわかりにくいので言葉を足しますが、一昔前は、シルビアを買って、バリバリのチューンを施して、大黒埠頭に繰り出したら「ナウでヤングな俺」だったので、モテました。それに一〇〇万円単位のお金がかかったわけです。

でも、今はＳＮＳに映える投稿をカフェや家で撮ってアップするだけで、同じかそれ以上に「ナウでヤングでトレンディ」なわけです。そうすると一〇〇万円単位の投資がいらないのです。

しかも、シルビアと違ってSNSでつくった自分ブランドは常に持ち歩けて、周りもついてきてくれて、スマホの中だけで完結できます。ね？　今までより、お金が全然いらないのです。

スマホとSNSはこうしてどんどんと時代を変え、消費や生活を変えていきました。名だたる高級ブランドのロゴ（本来偽造防止等の目的で個性的で部外者は使いづらくあるべき）ですら、全てサンセリフ、ゴシックといった万人がひと目で視認でき、使いやすく、どのデバイス（スマホ）でも小さな画面でもしっかり認識でき、簡単に再現できるものに変わっていきました。

そんな、ますますある意味で画一的になっていく世界で、どうやってユニークに、レアキャラになって、生き残っていけばいいのでしょうか？

何度も繰り返しているように、変化し続け、いろいろと試してみるしかありません。

どのように？

それが、今までの前提条件を踏まえてお話しする、幸せな起業やクリエイトの方法です。

青天井会議

きちんとクリア条件を設定する、つまりどんなふうになりたいかを決めるときに、まずは僕が「青天井会議」と呼んでいる会議をしてみましょう。ユニークなレアキャラになるためにも、有用な思考法かと思います。

会議といっても、基本的には1P（一人プレイ）ですが。

話は単純で、あなたの人生において好きなことを何の制約もなく好き勝手に自由に発想してみよう、というものです。もちろん、そんなことに付き合ってくれる友人、恋人、家族等がいればありがたいのですが、青天井（無制約）にするには邪魔になる可能性が高い。その人達は、良かれと思って勝手に制限をつけますからね。

無制限、無制約にするためにわざわざ「青天井会議」と名前をつけ、定義づけて認識、意識するのには理由があります。それは、どうせ、制約なんてつけようと思わなくても、勝手についてきてしまうものなので、まずは制約無しでとことん突き詰めて考えるべきだからです。

旅行計画一つとってもそうです。例えば、青天井会議でハワイ旅行を計画したとします。太っ腹にビジネスクラスに乗ろう！　そしてあの高級ホテルに泊まって、あの名門コースでゴルフをしよう！　まずこのように考えます。

いや、青天井だってば！

あ、そうか。

ファーストクラスか！

いや、まだまだ。

え、そうか、プライベートジェット！

そうそう、その調子その調子。

いっそ、ハワイに住んでしまおうか！

おお！　いいですね。

そうやって、全て出揃ったと思ったら、そこから制限をかけていけばいいのです。

一見非効率に見えるこのやり方は、自分の本当にやりたいことや、求めているものといった、自分なりのゴール、クリア条件を知るのに有意義です。

例えば、試しに普段家を探すときに検索窓に入れる家賃の欄の「上限」を外してみてください。

今まで上限に設定していた金額が五万円だろうと、一〇万円だろうと、上限を設定していたときとは、比べ物にならないくらいの物件数が出てきます。そして、そのリストを「家賃の高い順」に並べてみましょう。

「高いものはいいものだ」とまでは言いませんが、「いいものは高い」ことが多いのもまた事実。資本主義経済は、需要と供給のバランスで価格が決まっていますから。

さて、そのリストの中から、「いいなあ！」と思える物件を片っ端から見ていきましょう。そうすると、「広すぎて落ち着かない」とか「この部屋は、最高に日当たりが良さそうだな」とか「このデザイン、最高にかっこいい」とか、いろいろなものが見えてきます。

それらは、自分が今まで家賃の上限を設けることで、なんとなく制限してきた「好き」の部分です。その枠を取り払いたいのです。

「好き、ワクワクする、ときめく」言い方はなんでもいいのですが、制限が無ければ、何を重視するのか、何に一番惹かれるのか。自分の理想を知った上で、普段の上限家賃で検索したものをもう一度見てみてください。

もちろん、家賃数百万のとんでもない物件を見て、そこから見出した、自分の好きに合致するクオリティのものはないでしょう。ですが、「あの家賃一〇〇万円の物件の、すごく感じのいいリビングのミニ版をまずここで手に入れたら、テンションが上がるな。よし、ここにしよう」と、新しい基準が手に入ります。

同じようなことが、ワインや楽器など、いろいろなものに使えます。例えばワインだと、「一〇〇万円するめちゃくちゃ美味しいワイン」の一〇〇分の一の値段の一万円で、同じくらい美味しい！　とか、一万円の有名ワインと同じくらい美味しい二〇〇〇円のワインを見つけた！　とか、「青天井」にモノを見たり知ったりしていると、ワインを選ぶときの基準もできてきます。

ただ、高いワインをお得に思いきり飲むためには、僕のようにソムリエになって「ラッキー、今日のお客さんはロマネ・コンティ開けてくれた。飲もう」と、状態チェックとは名ばかりテイスティングをするか（ほとんどのソムリエは真面目に状態チェックをしていると思います。すみません）、誰かのご相伴にあずからないといけませんが、物件を見るのはタダで一人で家でできますからお手軽です。

最初から家賃上限を五万円に設定していても、世界は広がらないし、二〇〇〇円で飲めるワインの中からしかワインを選ばないと決めていても、やはり世界は広がりません。無意識に自分の範囲で収まるように、恒常性を働かせて、枠にはめた選択肢を設定するからです。

そうではなく、子供の頃のように何の制約もなく、自分自身のクリア条件を設定してください。その条件がハードすぎたら、どうせ自分で設定し直していくのですから。最終的に到達したいところまで、しっかり認識して、やっていってみませんか？

そして、そんなことを続けていくと、本当に求めるものを追求する生活に必要なもの、不必要なものが明確になります。そして、今自分がいる「お金稼ぎ」のステージから「経験値稼ぎ」のステージに切り替えたり、「お金も経験値もそこそこでいいから、冒険自体を楽しむ」と決めるなど、その後の行動が変わっていってくれると僕は幸せです。すぐにこの本を閉じて、自分の求める世界に向けて、行動を起こしてください。

逆に、無理して贅沢したりする必要のない新時代に、極論、無理をしてでも得たい何かがあって、本当に求めるものがあって、でも制限があってうまくいかない。その制限が「お金」だったり「仕事」だったりしたとき、本当に求める何かを得るために頑張ることが、何かを得るための頑張りが、あなたにとって価値があると思えるなら、もう少し、読み進めてみてください。

僕が無駄に血反吐を吐きながら失敗した部分をシェアするので、その部分を避けて通っていただけるだけでも、この本を書いた価値があるというものです。

無理してでも明日は不自由さを取り除きたい

「無理してでも明日は不自由さを取り除きたい」（編集部注1）

そんな歌がありましたが、不自由さがあまりなくて、無理なんかしたくないという世代、価値観があることは前述の通りです。一方、無理をしてでもやはり何かを得たい、成し遂げたい、不自由さを取り除きたい、そんなニーズ・ウォンツがあって、そのなかでもお金を稼ぎたい、起業がしたい場合には、まず、お金についてもう少し考え方を変えておく必要があります。

あなたにとって、お金とはどういったものでしょう？

僕にとっては単位でしかないし、交換券でしかないし、信用尺度でしかない。なんでもないものですが、あなたにとっても同じでしょうか？

勇者のように、レアだと思いこんでいませんか？

魔王や王様こそレアであって、勇者はレアキャラではなかったように、お金も別にレアなものではありません。

銀行に行けばいくらでもあります。世界中に流通しています。貯める、増やす、借りる、その全てができます。

しかし、例えば「時間」はこのなかのどれもできません。

「お金があるから、そんなことを言えるんだ」と思うあなた、申し訳ないですが、おそらくほとんどの人が想像するようなお金を含めた苦労は人並み以上に経験済みですし、だいたい、預金通帳を持って生まれてくる人間はいません。みんな、裸で生まれてくるのですから。

まあ、銀の匙をくわえて生まれてきた人がいないとは言いませんが、西村家は由緒正しき平民一家なので、匙はくわえて生まれてくるものではなく、投げられるものでした。

僕はそんな生活を続けながら、人並み以上にお金や仕事に執着しながら生きてきたせいか、今ではこのゲームのお金稼ぎの部分に関して、どんなステージがあるか、どんな特徴があるのか、どんな人が向いているか、理解が多少深まっていると思うので、ここからシェアします。

ご存知の通り、もともとお金は物々交換の代わりでした。

魚の代わりに木の実を交換していたところから始まり、それ自体が重くて持ち歩けない、腐る、といった不便を解消するために、貝殻や金銀などのレアなものを加工するようになり、その後その価値と約束（信用と印）さえあればいい、というところから紙幣が生まれ、最初はその信用をきちんとレアメタルで担保していた紙幣も、今では国債による担保となり、流通自体もデジタルデータがほとんどとなっています。

そんな、不安定で面白い、「売っているものなら何とでも交換できる券」であることが、お金の持っている特性のその一ですが、意外と気づかれていないことがあります。

それは、右辺と左辺を入れ替えただけの、「なんでも交換券と交換するものはなんでもいい」ということです。

つまり、お金を稼ぐために「働くこと」（＝労働力をお金と交換する）だけが答えではなく、知恵、アイデア、さまざまなものを交換対象として提出すれば、お金という交換券が手に入るのです。

そのため、一番手っ取り早くたくさん交換券を手に入れる方法は、「自分なりの現金を自分で刷れるようになること」です。


これはレアなものならなんでもいい。

何度も言いますが、勇者はレアじゃなかったから、はした金しかもらえなかったのです。「魔王退治に行きます！」という勇者が数百万人いたのですね。だから、助成金は棒きれ一〇本分だったのです。

例えば、有名アーティストのなかなか手に入らないライブチケットのことを「プラチナチケット」と呼びます。あれは、金券の一種ですから、お金を自分で刷っているのと一緒です。


お金持ちに上場企業の社長が多いのも、上場企業の株式、というお金に限りなく近い「プラチナチケット」を自分で刷れるからです。

自分で現金を刷れる人が、お金持ちなのは当たり前です。足りなかったら、印刷すればいいのですから。

プラチナチケットを自分で刷るために

プラチナチケット（自分なりの現金を自分で刷れるようになる）ことが一番とはいえ、いきなりそこにたどり着けませんから、いろいろな方法でクリエイトし続け、チャレンジし、経験し続ける必要があります。

その結果、自然とレベルアップして、いつしかあなたが刷るチケットが、紙クズからプラチナチケットになる日が来るでしょう。そのためにたくさんのトライアンドエラーを繰り返し、自分ができること、自分が好きな、やりたいことで、市場に求められていることを極めながら、レベルを上げていく必要があります。

右辺と左辺を入れ替えても数式が成立するのは世界の真理ですから、

お金を出す＝何か価値ある買えるものが手に入る

何か価値ある買えるものを出す＝お金が手に入る

ことになります。

労働力でも、知恵でも、お風呂掃除券でも、なんでもいいので何かを出せば、なんでも交換券であるお金が入ってくるので、実はとても簡単なことなのですね。

交換には、限定条件が特別ないので。

「なんでもいいから出してくれたら、買うよ」と言われているのですから。

そのとき、高額なもの、レアなものを出せるように、自らを変えていけばいいだけです。

まずはモブ（勇者・村人）から始めて、レア（王様・魔王）を目指しましょう。

働くだけだと、どんどんレアキャラではなくなる

モブから始めて、ゆくゆくはレアキャラを目指して頑張るとして、今はただの勇者の状態では、目の前のスライムを倒していくしかない。そんな状況下で、一生懸命に働いても、レアなモノを出せません。「一生懸命に働く」だけでは差別化ができないのです。

総務省によると二〇二〇年の就業者数は約六七〇〇万人、社長は約四〇〇万人、部長は約四〇万人ですから、社長は就業者数の6％くらい、部長は0・6％くらいです。年収一〇〇〇万円の人口比率が5％程度ですから、少なくとも、まずは社長程度の勇者にはなれないといけません。

なぜ、レアキャラを目指していかないといけないのでしょうか？

適当に生き残る術はないのでしょうか？

新時代はそうはいかないかもしれません。

インターネットとスマートフォン、SNSは劇的に僕達の生活を変えましたが、その動きをさらに加速させたのが、コロナの一件でしょう。

例えば、二〇〇七年度はたいして昔ではないように感じるけれど、気づけば一三年前。本の世界では、購買の94％はリアル書店経由でした。しかし、二〇一八年度の時点で、リアル書店経由は69％、二〇〇七年度に6％だったインターネット経由での購買は31％に上り、未だ増加傾向です。もちろん、出版物だけでなく、全てのものに対して、EC化は増加の一途をたどっています（編集部注2）。

今後もEC率は伸びていくだろう、という認識が常識となっています。


そして、ECが発展、発達したことで、なぜリアル店舗の売上が減少したのか？ 当たり前のことですが、大切な前提条件なので、整理しておきます。

それは、「隣の店まで、物理的な距離がない」からです。今まで街の小さな市場で商売ができていた店や会社が、「ワンクリック、ワンタップ」で次の店に行ける。ECによって、マーケット、対象市場、ライバルが世界中、少なくとも、日本中になってしまったからです。

今までは、多少高くても、不便でも、家の近所にあったあの店でしか買わなかった、買えなかった商品が、近所のあの店になかったら、隣町に行かなければならなかったのに、今やワンクリックで届いてしまう。

しかも一番安い、一番早いなど、ランキングやソートやレコメンドがなされてしまう。「近所のあの店」の最大の利点が「近所であることだけ」になったとき、その店は選ばれなくなったのです。

そんなインターネット、ECの世界では、コモディティ（日常消耗品）は価格競争に陥り、儲からないので、少しニッチな、マニアックな商品を扱うというセオリーがありました。

例えば、「左利き用のハサミ専門店」なんて、人口の少ない小さな町でやっていくには、対象顧客、ターゲットが少なすぎて成立しない。けれど、対象顧客、ターゲットが日本中、世界中になったとき、ただのハサミでは商売にならないけれど、「左利き用のハサミ」を探している少数の人をターゲットとすれば、商売は成立する（レアなものを探している人にきちんと刺さればいい）。そんなセオリーです。

ここまでは、なんてことはないお話ですよね。でも、今これと同じことが、労働市場でも起こっています。

コロナをきっかけに、テレワークやECがより加速しました。都心の一等地にオフィスビルを構えて、人を一ヶ所に集めて仕事をするのがリアル店舗だとしたら、どこにいても、極論、地球の裏側にいても、テレワークで仕事ができ、それで回っていく。無理して都心の一等地のオフィスを借りなくていい、テレワークでいいじゃないか。そんなふうに気がついた人、企業が多くなり、リアル書店に対してのECのような動きが今後は増えていくでしょう。今までは「オシャレなオフィスビルの最寄り駅から徒歩○分に住んでいること」に価値があると考えられていたものが、そもそもどこにいてもOKで、雇用は日本中、世界中の人がターゲットになり、一緒に仕事ができる。そこにみんな気づき始めています。

いうなれば、雇用、労働人口のEC転換が本格的に始まるのです。

そうすると、今まで、少数派、フリーランスの働き方だった、ノマドワーカー、テレワーカーがどんどん増えていく。今までは「この駅、この街のこのオフィスで雇用できる人」

と比べられていたあなたが「世界中のテレワーカー」と比べられ、そこでレアか、そうでないかが決まります。

そんな状況、新時代に「一生懸命に身を粉にして働きます」というだけでは、最初のスライムを倒しているうちは良くても、早晩、行き詰まってしまうでしょう。

そのため、あなた自身の好きなことややりたいことを突き詰めて、そこで寝食を忘れて夢中に没頭して、気がついたらレベルが上がっていて、レアキャラになっている。そんなもの、ことを見つけないといけません。

働けど働けどなお、我が暮らし楽にならざり、そんなときはぢっと手を見ている、場合ではありません。世界に目を向けて、マーケット思考を身に付けて自分の価値を上げていかないといけません。

レアキャラになるための思考法
——マーケット思考と投資家思考

労働ですらEC化し、ライバルが日本中、世界中にいる今、どうやってレアキャラになっていけばいいか、どうやって自分の価値を上げていけばいいのか。その判断をするのに、必要な思考がいくつかあります。

一つは前に触れたマーケット思考、そして、もう一つは投資家思考です。

順に説明しましょう。

まずはマーケット思考。マーケティング思考、と言い換えてもいいですが、結局のところ、世界は需要と供給のバランスで値段が決まります。そして、市場、マーケットには「顧客とライバル」しかいません。自社、自身の顧客になっていない人は、ライバル他社、他者の顧客なのです。

つまり全体的にあなた自身の価値を俯瞰して、マーケットに照らし合わせて、相対的に客観視して価値判断をしないといけません。

例えば、英語が得意なのに、全く求人の声がかからないと嘆いている人がいるとします。その人の英語のテストの点数が（ここでは暫定的にＴＯＥＩＣにしましょうか）八〇〇点だとして、十分優秀で、本人も自分に自信があったとしても、世界には九九〇点満点を取ってくる猛者もいれば、英語のネイティブスピーカーもたくさんいるわけです。町一番の英語達者だったＴＯＥＩＣ八〇〇点の人に、求人の声がかからない理由がわかると思います。

これがマーケット、マーケティング思考です。

そして、もう一つの投資家思考ですが、まず、あなたが得ている給与、収益、なんでもいいのですが、その利益をあなたという資産からの利回り、配当収益だと思ってください。株式の配当でも、一棟マンションの家賃収入でも、インカムゲインならなんでもいいです。

ここではマンションとして説明しますが、あなたという一棟マンションは一億円の価値があります。そして、年間の家賃収入が五〇〇万円のとき、利回りは5％と表現します（管理費やネット、グロス、借り入れなどは不動産投資の本ではないので、割愛します）。そして、その家賃収入が六〇〇万円になれば利回りは６％ですね。

もしくは、同じ利回り５％でも、二億円の価値のある一棟マンションだと、年間の家賃収入は一〇〇〇万円になります。つまり、あなたという資産の価値を上げることで、あなたの配当利回り（収入）を上げていく、という思考を持っていただきたいのです。

そして、追加投資、自己投資、という言葉がありますが、例えば、前述の一億円のマンションに一億円の追加投資をしてリフォームしたとすると、総投資額は二億円です。

一方、家賃収入は一億円のときの五〇〇万円から、リフォーム後は六〇〇万円になりました。

この投資は、成功でしょうか？

おそらく、失敗です。

利回り５％だった物件が、利回り３％に落ち込んでしまっています。家賃収入を年間一〇〇万円アップさせるために、一億円の追加投資をしてしまっているからです。

逆に、昔の不動産投資の本に書かれていた手法なので、今も通用するかは保証できませんが、五〇〇〇円や一万円（当時の値段）でウォシュレットを買って、トイレに取りつける。工事も自分で工務店に発注して安く抑える。そうすると、月額家賃を五〇〇〇円上げられるので、工事費用と材料費を合計しても一万円～二万円の投資で年間六万円もの家賃収入アップになる、という割の良い追加投資もあります。

同じように考えてみましょう。
あなたの自己資本が一億円で、利回り5％で年収五〇〇万円。自己資本を二倍の二億円に拡張できるような投資ができれば、同じ利回り5％でも年収は一〇〇〇万円になります（ただし、ここでの二億円は、市場、マーケットでキチンと評価された二億円です）。

こうしたことを目指して、一億円の自己資本を二億円にするべく、一億円を使って、あの資格もこの資格も取った、あの経験も積んだ。さあ、年収は？　六〇〇万円にアップした。これでは、先程の失敗リフォームのようになってしまいます。

どんなに高名な建築家にリフォームしてもらっても、家の全てがひたすらピンクの使いづらい家にリフォームされていては、きっと家賃収入アップは見込めません。

ウォシュレットのような効率の良い自己投資を心がけて、自己資本を拡張しましょう。

迷ったときには、その行動、そのリフォームで、自分の価値がいくら上がって、その結果、いくら家賃収入が上がって、利回りが良くなるか、自分という資産価値が上昇するか？　を冷静に客観的にマーケット思考で判断しましょう。

編集部注

1　作詞作曲：清春（黒夢「少年」）より。

2　参照元「ガベージニュース」（http://www.garbagenews.net/）２０１９年10月1日公開「リアル書店とインターネット経由の出版物の売上動向をグラフ化してみる（最新）」より。

第 3 章

ビジネスの前線で、戦闘力を磨く

メタ認知と三献の茶

本章では、前回お話しした「ウォシュレットのような」効率の良い自己投資をして、自己資本を拡張し、自身の会社の企業価値を上げていくためにどうしたらいいいか。そして、どううまく生き残っていくかをお伝えしていきます。

前章の終わりに、利回りが良くなる、資産価値が上がる投資を見極めて行動していきましょう、という話をしましたが、「結局、儲かる投資をするのは当たり前じゃないか。それをどう見極めるのかを聞きたいんだ」というあなた、おっしゃる通りです。では、その投資判断はどこからすればいいのでしょうか？

正解のタネは、繰り返し話している、数字を基にした定量的な客観視にあります。

メタ認知、と言い換えてもいいでしょう。メタ認知という言葉が初耳の方にも合わせて説明していきます。

先程もお話ししたように、みんな良かれと思って、モテると思って、孔雀の羽を広げ、シルビアを改造し、ＳＮＳに投稿します。

モテると思って、デートのたびに毎回一〇〇本のバラの花束を記念日でもないのに持参して、付き合ってもいない女性にプレゼントして、アタックする。これを「情熱的」と受け入れてもらえる確率は高いでしょうか？　低いでしょうか？（注：日本です）

基本的には低いですよね。客観的にゲームをプレイするかのごとく、自分を第三者視点で見て、相手の立場に立って考える。認知していることを高次に（メタ）認知する、これがメタ認知です。

相手がこう考えているだろう、だから、こうする。自分はこう考えているな、だから、こうする。こうした考え方をすることです。

独りよがりの逆、と言ってもいいかもしれません。独善的で客観視の足りない人。うん、悪口ですね、これは。こういう人は、多分モテないし、仕事で成功しづらいと思います。短期的に無理やり何かを売りつけることを成功と言うなら別ですが、長きにわたって生き残り続けられそうにありません。

相手にとって、自分を含めた全体最適を考え、客観的に冷静に判断する。こう言うと聞こえはいいですが、この癖は子供の頃から（両親の離婚や借金のせいもあってか）大人、人の顔色ばかりうかがうという僕の悪癖が大人になって形を変えただけのものでした。ですが、サービスマンをしていくのには、ある意味では良いほうに作用しました。

顧客のニーズ・ウォンツを「お客様の立場に立って」考え、「喜んでもらえるという高確率に賭け続ける」ことに役立ったからです。

そんな僕は、サービスに関する逸話では「三献の茶」の話が好きで、史実ではないらしいのですが、ここにサービスの本質があると今でも思っています。

三献の茶とは、このような話です。

長浜城主となった秀吉は、鷹狩に出かけた帰路、喉が渇いたため、ある寺に立ち寄りました。寺で雑用を務めていた小姓は、秀吉にお茶を出します。そのお茶は、ぬるめの温度で、大きな茶碗になみなみと注がれていました。喉が渇いていた秀吉は一気に飲み干し、小姓にもう一杯頼みます。

すると今度は、一杯目よりもやや熱めのお茶が最初に出てきた茶碗よりも少し小さめの茶碗に注がれて出てきました。秀吉はそれを飲み、さらにもう一杯お茶を頼んでみると、今度はさらに小さな茶碗に熱いお茶が注がれて出てきました。

秀吉は小姓の気配りに感心し、自分の家来としました。この小姓が、後の石田三成だったそうです。

求められているものを求められている量、求められているタイミングで、あわよくば少しだけ期待以上に提供できるか。給料も、仕事も、全てはそんなことにかかっているのではないでしょうか。

10：0のWin-Winと2：8のWin-Win

同じように、独りよがりにならないように、相手の立場に立って考え、全体最適を叶えるために僕が意識しているのは、「自分にとってどうでもいいことで、相手が喜んでくれる、10：0のWin-Winを探す」ということです。

投資や事業を長く続けていくコツは、勝間和代さんの「ギブギブギブギブギブの五乗」ではないですが、ひたすらギブを繰り返していくことが大事です。

自分だけが良い状況、つまりテイクの状態を繰り返していても、焼畑農業のように、いつか枯渇するからです。

だからといって、「自分は少し我慢したり、耐えることで、相手の喜びやメリットを最大化する」という、僕が呼ぶ「2：8のWin-Win」を続けていっても、人間いつかはその「2」の我慢が辛くなってきます。

そこで冒頭の、「自分にとってどうでもいいことだけど、相手が喜んでくれること」を実行するとどうなるでしょうか。

例えば、電話中にメモ用紙を探している相手に、ポケットの中に入っていたレシートなどの紙クズ（自分にとってどうでもいいもの）をあげることは、先程の三献の茶のように、相手のタイミングによっては、喜んでもらえるでしょう。

自分にとってはどうでもいいことなので、我慢はしていませんし、辛くもありません。見返りはなくて当然なので、見返りを求めて苦しくなることもありません。長期的に安定します。

そもそも、投資、ビジネス、仕事、言い方はなんでもいいのですが、経済活動は突き詰めれば交換や取引といったやり取りの連続です。

10：0のWin－Winのように、無理なく続けられる交換、取引は安定して長く健全に続けていくことができます。

あなたにとって、相手にとって、マーケットにとって、何が10：0で、何が2：8か。無理していないか、させていないか。自分が楽しんでいるか、相手が楽しめているか。などなど、メタ認知をきちんと働かせて、客観的に高確率で良い結果となるであろうことに賭け続ける判断を繰り返していきましょう。きっと長期的・安定的に生き残ることができます。

成功を妨げる認知バイアスの存在

どうして、こんなにメタ認知や客観視について、僕はうるさく言うのでしょうか？　それは、人間はそのくらい偏って、歪んだ生き物だということを示すデータがあまりに多いからです。

このあとを読んでいただくと、ここから先の表現自体が、僕の認知バイアスではないか？　というメタ認知に自分でも陥る、という複雑化しそうな話ですが、進めます。

まず、順番に。

ビジネスは「開発」と「展開」の二つの側面しかありません。「作って」「売る」と言い換えてもいいですが、展開していく、あるいはたくさん売っていくことに成功しないと、ビジネスは大きくなりません。

そのため、マーケティングやセールスを学んだ人、もしくは得意とする人や、そういったことに長けた会社が、初期的には成長、成功します。具体的には年商一〇～三〇億円程度までは、マーケティング、セールス、プロダクトが良ければ、うまく拡大、展開していけます。

このくらいまでは、マネジメントやヴィジョンは必要ありません。あるに越したことはありませんが、無くても全く困りません。極論、マーケティング・セールス・プロダクトの三つに年商一〇億円ずつ割り振られていると思ってもらっても大丈夫です。

マーケティングとセールスが良ければ、年商二〇億円くらいまではいきますし、そこにプロダクトも良ければ三〇億円までいくイメージです。このうち良いものが一つだけだったら、一〇億円です。

マーケティングとは「マーケット＋ing」ですから、マーケットに働きかけること、価値を問うこと、謳うこと、が重要です。

いいもの（サービス）をつくって（開発）、「これいいでしょ！」と伝えること（展開）がマーケティングです。

「みんな」に価値を伝える、わかってもらうためには、そこにいる「みんな」の立場に立って、気持ちをわかった上で話をしないといけません。そのため、多くのマーケッターは心理学を勉強するわけです。

「お客様がこういうときは、こう言えば喜んで買ってもらえる確率が高い」

例えばそんなふうに考えて、マーケティングは行われます。

あなたが何らかの商品を開発したあと、展開させるためにマーケティングをするとして、「お客様の立場に立って」考えないといけません。そのとき、真の意味でお客様の立場に立って考えられたら、成功は早まります。

ここで「思い込み、独りよがり、バイアス（偏見、偏り）」があっては成功、成長は遠のきます。これが、僕がメタ認知や客観視についてうるさく繰り返す理由です。

サービスを教えているときもよく話していたのですが、「お客様の立場に立つ」までは簡単です。ただ、多くの場合は「（自分が）お客様の立場に立っただけ」です。本当は「お客様の立場になって、お客様の考え方、キャラでいる」ことが求められています。

昔から、この例え話をよく後輩サービスマンにしていたのですが、「喫煙者がお客様の立場に立ったら、喫煙可能店を作り、嫌煙家がお客様の立場に立ったら、禁煙店を作っているのは、お客様の立場に『自分』が立っているだけ」なのです。

もちろん、これでは真の意味でお客様の立場に立っていませんから、成功は近づきません。

しかし、人間は「自分が正しい」と思いたいので、「見たいものを見て、聞きたいものを聞く」、自分にとって都合の良い情報ばかり集めてしまう生き物です。これを確証バイアスと言います。

例えば、「A型は几帳面」などの血液型占いが有名です。A型で大雑把な人はスルーして、几帳面だと、「A型だと思ったんだよね、几帳面だから」と言う。この「自分が正しいと思いたいので、自分に都合の良い情報を集める」状態でビジネスをしていると大変危険です。

どう見ても危険なサイン、データが多く出ているのをスルーして、数少ない自分に都合の良いデータだけを見て大丈夫と思ってしまうからです。同じようなバイアスに正常性バイアス、というものもあります。

これも、悪い状況下でも、「自分だけは大丈夫、今回は大丈夫」と思ってしまうバイアスで、恒常性バイアスとも言います。

コロナの一件での各国政府の対応も、正常性バイアスや確証バイアスの一部と考えると、納得がいきますし、説明がつきます。「こんなひどいことになると思っていなかったし、大丈夫だと思っていた」のでしょう。

実際はそうではありませんでした。そう、客観的に数字で考えて、判断できていれば、もう少しうまくやれたはずです。次こそはこの経験を生かして（SARSの経験を生かして早期に乗り切った台湾のように）賢く立ち回りましょう。

認知バイアスの恐ろしさがわかったところで、次は、どう回避していくかです。

間違いやすいこの世界で、カンニングがOKな理由

そんなわけで、人は大変弱い生き物なので、すぐに思い込んで、偏って、間違えます。そんな状態を、どう乗り越えて生き残っていくか。数字で客観的に決める、という話をしましたが、どんなふうに数字を読んで、決めていけばいいのでしょうか？

これから少し、数字の読み方や使い方をお話ししますが、基本的には具体例は少しにとどめます。「なかなか具体例を出さないな」と思われているかもしれませんが、僕はこの本にKnow howをあまり入れないように書いています。いわゆる、Know howより、Know whyになるように書いています。

どうしてか？

ここでもインターネットとSNSが関係してきます。インターネットとSNSが高度に発展した現代、新時代では、How、方法、手段は検索すれば出てくるからです。

「答え」を得ること自体は、適切な質問、設問を設定できれば（目標は達成能力ではなく、設定能力だとお伝えしたように）、新時代には難しいことではありません。

検索では出てこないことに気づける能力、質問を設定する能力を磨くため、身に付けてもらうため、この本にはKnow whyばかりを書いています。この能力を身に付けることが、新時代の生き残りに必須の進化だと思うからです。

答えは検索すれば出てきます。学生と違い、答えではなく、結果を出すために社会人の勉強はあります。だから、実生活ゲームのテストでは、カンニングもチームプレイもＯＫなのです。

数字を使うときの心構え

では、さっそくテストです。カンニングもチームプレイもOKです（笑）。

以下のトレンドラインの引き方で、どれが正しいでしょうか？

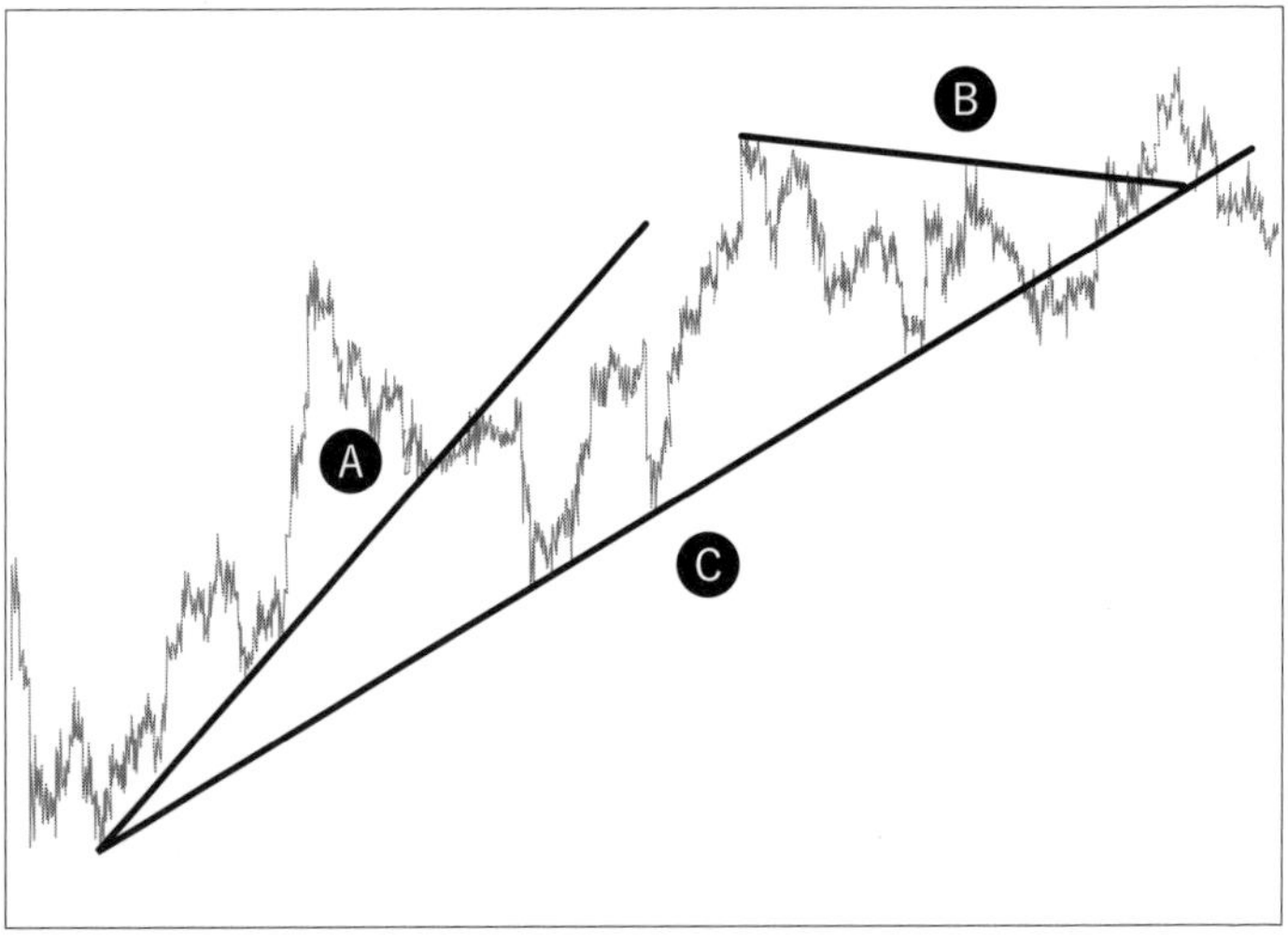

トレンドライン

郵便はがき

おそれいりますが
63円切手を
お貼りください。

1028641

東京都千代田区平河町2-16-1
平河町森タワー13階

プレジデント社

書籍編集部 行

フリガナ		生年（西暦）　　　　年	
氏　　名		男・女	歳
住　　所	〒 TEL　　　（　　　）		
メールアドレス			
職業または学校名			

ご記入いただいた個人情報につきましては、アンケート集計、事務連絡や弊社サービスに関するお知らせに利用させていただきます。法令に基づく場合を除き、ご本人の同意を得ることなく他に利用または提供することはありません。個人情報の開示・訂正・削除等についてはお客様相談窓口までお問い合わせください。以上にご同意の上、ご送付ください。
＜お客様相談窓口＞経営企画本部 TEL03-3237-3731
株式会社プレジデント社　個人情報保護管理者　経営企画本部長

この度はご購読ありがとうございます。アンケートにご協力ください。

本のタイトル

●ご購入のきっかけは何ですか?(○をお付けください。複数回答可)

1 タイトル　2 著者　3 内容・テーマ　4 帯のコピー
5 デザイン　6 人の勧め　7 インターネット
8 新聞・雑誌の広告(紙・誌名　)
9 新聞・雑誌の書評や記事(紙・誌名　)
10 その他(　)

●本書を購入した書店をお教えください。

書店名/　(所在地　)

●本書のご感想やご意見をお聞かせください。

●最近面白かった本、あるいは座右の一冊があればお教えください。

●今後お読みになりたいテーマや著者など、自由にお書きください。

どうもありがとうございました。

正解は「全部」です。

続けますね。トレードや投資の本でもないのに、いきなりトレンドラインを登場させたので、まず、トレンドラインについて簡単に説明します。

株式投資に関する左のサイトの記事を見てみましょう。

https://toushi-gp.net/trendline-writing/

(トレンドラインとは—初心者でも簡単!正しい引き方で株価の動きを読んで利益を上げる方法)

ここでは、「トレンドラインは、株価の動きの傾向を分かりやすくするためにチャート上に引いた補助線のことを言います。」とあります。

そして、次のように説明しています。

「株価の変動には上昇トレンド、下降トレンド、もみ合いがありますが、これらのトレンドの転換点を見極めるのに役立つのがトレンドラインです。

正しくトレンドラインを引くことができれば、

・現在のトレンドはどちらに向いているか
・どこが売買ポイントになるか
・どこがトレンドの転換点か

ということが分かるようになり、トレンドが発生する初動をつかむことができれば、それが大きなトレンドであればあるほど利益を大きくとることが可能になります。

ただし、トレンドラインには注意点もあります。

トレンドラインの引き方をあまり理解していない方、特に初心者の方に多いのですが、チャートを見て間違ったところに無理やり線を引いて、相場もその線の方向に反応するような気になってしまう方が多くいます。せっかくトレンドの転換を知るためにラインを引くのに、誤った線を引いて、まだまだこれから勢いを増していくトレンドで手仕舞ってしまい、利益を取り損ねるなんてことになりかねません。

そんなことにならないために、正しいトレンドラインの引き方をしっかり理解しておくことが必要です。」

説明の中にある「チャートを見て間違ったところに無理やり線を引いて、相場もその線の方向に反応するような気になってしまう方が多くいます。」という部分は、まさに確証バイアス、正常性バイアスです。

ここで言いたいのは「正しいトレンドラインの引き方」や「トレンドとは」ではなく、トレンドラインでもなんでも、ラインを引く理由は「線引き」なのだ、ということです。たとえ、線自体が間違っていてもこの線より上に行ったら買おう、売ろう、この線より下に行ったら、買おう、売ろうという線引きの「はじめの一歩」を踏み出すことが大切なのです。

線引き、つまり自分のルールと照らし合わせて行動するための基準値があることが大事なのであって、その線自体が合っているか間違っているかなど、一生わかりません。世界も株価も不確実だからです。

ただ、例えば、リーマンショックも、3・11も9・11もコロナも、世界はいつかは乗り越えて成長していきます。短期的に見たら下落相場で苦しい局面に思えても、長期的に見たら上昇相場なのだと理解するためにも、チャートの縮尺を長期に変えてみます。日足や週足ではダウントレンドで下降相場でも、月足、年足、一〇年、一〇〇年チャートで長期的に見れば上昇しているし、一時的な下落は誤差の範囲になります。

来月コロナがどうなって、市場がどうなっているかなど、短期的な未来は、ある意味で当てられません。

本書の冒頭でもお話ししましたが、天気予報のように、ある程度の近い未来は高い確度で予測することが可能ですが、未来は基本的に不確定です。

一方、長期的な未来は、そういった意味では当てられるのです。

有史以来、長期的に見たら、人類はずっと改善を繰り返し、今に至ります。長期的に見たら上昇トレンドです。「昔は良かったな」と言うのは絶対嘘で、縄文時代より弥生時代、戦国時代より明治時代、明治時代よりは昭和が、昭和より令和が便利で快適で良くなってきたはずです。今更、お金が貝殻や大きな石になることはないのです。

だから、長期的には上昇トレンドだということを信じて、長期的に自分がどこへ行きたいかをしっかりと線引きして考え、きちんと線引きしたルールに基づきロスカットや利益確定を繰り返す。リスクとリワードが有利に歪んだ状態で、数字とルールをもとに、期待値に向けてサイコロを振り続けるしかないのです。

そのためのルール、線引き、をいつでも意識し続けましょう。

数字で考え、数字で決めるその方法

いくらKnow howよりKnow whyとはいえ、あまりにもルールや線引きについての具体例がないのもよくないので、ここから少しだけ、数字の話には具体的な数字で話をしてみましょう。

繰り返しになりますが、数字で判断することは客観視をしていく上でもとても重要ですからね。

僕がこうした意識を培ったのは、一つには飲食店経営時代です。

一九歳のときに起業してバーを開いてから、僕は和洋中、多国籍、カフェ、レストラン、バーなど、最終的には当時「寿司と焼肉屋以外はだいたいあります」（ちなみに、寿司屋をやるには職人がいなくて、仕入れと仕込み、仕事ができなかったから。焼肉屋も同じで、しっかり一頭やブロックで仕入れてしっかり歩留まり良く肉を切り出すことができる職人と肉の仕入れのツテがなかったので、できないと判断しました。ここも数字で判断した結果です。）と言っていたくらい、全てのスタイルの飲食店を経営しました。さらに、自分で飲食業を経営する傍ら、飲食関連の派遣会社に登録してさまざまなレストランで働かせてもらった時期もあります。

こうした経験の中で、流行っている店は、数字に落とし込んで考え抜かれていることを身にしみて知りました。

その後、コンサルタントとしても経営者としてもさまざまな業種に携わってきましたが、やはり、数字を基準に考えられているかいないかが、ビジネスの成否に大きく関わっていました。

さて、突然ですが、ここで問題です。あなたがバーを開くとして、店内に置くカウンターの席数を決める場面を想像してみてください。

みなさんなら、どのようにして決めますか？

店舗の広さや、お客様の数など、考えるべき要素はいくつかありますが、僕なら最初に

「バーテンダーの処理能力を数値化」します。

まず、カウンターに立つバーテンダーが、どれくらいの客数を捌けるのかを見積もります。例えば、「ウチのバーテンダーのAさんは、一人で一〇人まで接客できる」といった場合は、この数字をもとに、カウンターの席数を考えます。

ここでもし、一二席のカウンターを作ってしまうと、バーテンダー一人だけでは満席時に捌ききれなくなります。お客様を一〇人しか入れないようにするか、バーテンダーを増やすしかありません。

でも、一二席あるのに一〇人しかお客様を入れないと、「あそこ空いているじゃないですか」とお客様からクレームが来そうです。

ではバーテンダーを増やせばいいかというと、今度は増やしたバーテンダーのリソースが余ってしまうという別の問題が起きます。

仮に一人で一〇人捌けるバーテンダーを二人雇ったとすると、二〇人捌けるリソースがあるのにカウンターは一二席。どうしてもバーテンダーの手が八人分空いてしまいます。給料は二人分支払っているのに、常に手が余っているという状態になるのです。

自然界に「〇・二人分のバーテンダー」が存在すれば帳尻は合うのですが、そんな人間はいませんから、どうしたって無駄が生まれるわけです。
こういった問題が起きないように、あらかじめしっかり数値化して、「バーテンダーの能力に見合った席数のカウンター」を設置することが肝心です。一〇人を捌けるバーテンダーがいて、一〇席のカウンターがあれば、オペレーション上の無駄も不足も起きません。あとは満席を目指して努力すればいいだけです。

これはあくまで一例ですが、ビジネスを行っていると、こんなふうにほとんどあらゆることが数字に落とし込むことで、適不適に分けられます。飲食店であれば、「食洗機を入れるべきか」「食器の拭き上げを誰にやらせるのか」「グラスの数はどれだけ必要なのか」といった点について、最適解を割り出すことができますし、販売業なら、「一日何軒訪問すればいいか」「新商品を投入するのはいつがいいか」「仕入れ先を選定するときの基準は何か」など、やはりビジネスのさまざまな要素の最適化をはかることができます。

そうやって数値化を物差しとして使うことで、利益をあげやすいオペレーションや事業スタイルを可視化することは、起業後の事業運営でも重要ですが、起業時のビジネスモデルの設計においても最重要です。ビジネスの解像度を上げ、より勝てる前提条件に近づけるために、人、モノ、コストなど全ての要素を洗い出して数値化することで、中途半端なカウンターを設置してしまわないように、合理的な数字を目指してビジネスを組み立ててください。

ところで、数字意識は普段の生活の中でもゲーム感覚で鍛えることができます。レストランに入ったら、この立地でこの広さだったら家賃はだいたいこれくらいだろう。とすると、一日これくらい稼ぐ必要がある。そのためには粗利が半分としても、これくらいの客単価のお客様が〇人くらい入る必要がある、などと計算してみるのです。

そう考えると、イベントの集客も電車の中の広告もテレビコマーシャルも目に入るあらゆるものが、数字意識をトレーニングする材料になります。一本三〇〇円の飲料水を告知しているこのコマーシャルは、いったいどれくらい飲料水が売れればペイするのだろうか、などと考える癖を付けると、ビジネスのからくりがだんだん見えてきて楽しいですよ。

価格と価値の関係

数字の話の延長として、「値段」についても触れます。値段、価格ほど重要な前提条件はないからです。

実業家として知られる稲盛和夫氏も、経営哲学の一つに「値決めは経営」という言葉を掲げています。僕もさまざまなビジネスに関わってきたなかで、値段については散々考えてきました。

そうした経験を通じて、「ビジネスの本質は、『価格と価値の不等号』を成立させることにある」と考えるようになりました。

お客様に、「これ、モノの割には安いよね」と思ってもらえたら、「価値＞価格」が成立したということです。だから買っていただける。シンプルな話です。

逆に、価格に見合った価値を感じてもらえなければ、こちらがどんなに素晴らしい商品だと思っていても、絶対に買ってもらえません。

同じ一万円の商品でも、「これで一万円もするのか……」と買ってもらえないケースもあれば、「これが一万円なんて安い！」と即買いしてもらえるケースもある。だから、値決めは難しいのです。

この不等号を成立させるために、つまり、買ってもらうために、多くの人がやりがちなのが、「価格をいじる」ことです。たしかに、値段を下げて「半額セール！」と売り出せばそれなりに売れるかもしれませんが、競合も半額セールをすれば勝てなくなります。低価格競争は結局体力勝負・持久力勝負なので、削れる粗利に限界のある小さな会社が大企業に勝つのは難しい。それに、そもそも値札を付け替えるだけというのは、価値を無視した行為です。

そこで僕は、「価格ではなく価値をいじる」ということを一貫して考えてきました。実際、インスタイルグループはM＆Aで買収した一部の会社を除けば、セールをしていないのですが、これは価格よりも価値をいじったほうが最終的に勝ちやすいと考えているからです。

具体的には、商品やサービスのクオリティを上げることで、価格と価値の不等号を成立させています。これがいわゆる付加価値です。

そういえば、六本木でバーテンダーをしていたときの話ですが、その店にはよく、付近の会社の社長さんが来店されていました。お客様同士が顔見知りになるような雰囲気のお店でしたので、カウンターで常連さんが事業の悩みを打ち明けてくれることも多かったものです。

バーテンダーとしてそういった悩みを聞くうちに、僕は自分なりに考えた解決策や企画書、事業計画書をUSBメモリに入れて、そのUSBメモリをシェーカーに忍ばせておいて、そのお客様が来店したときに、「この一杯はサービスです」などと言いながら、シェーカーを冷蔵庫から出し、そのシェーカーの中のUSBメモリをプレゼントしたりしていました。

そのうち、僕の考えを聞きにお客様が来店されるようになり、ついにはコンサルタントとして昼間その会社で働くようになりました。

この経験が、僕がのちにコンサルタントになるきっかけになったのですが、今思うと、あの六本木の店は、妙にビジネスに詳しい変なバーテンダーがいる、ということが付加価値になっていたのかもしれません。

これも元々はただお酒を作るだけ、注ぐだけよりも何かできることで貢献したい、という気持ちが付加価値になった例です。

ちょっと話が逸れたような気もしますが（笑）、価格を下げてお客様を確保しようとするのではなく、あくまでいじるのは価値のほう。その価値の上げ方は、工夫次第でいくらでもあると伝えたいのです。

最適な値段の決め方

では、そんな大切な値段を最初に決めるときは、どうすればいいのでしょう？

さまざまな考え方がありますが、僕は、まず値段を決めた上で、提供する価値を調整することをおすすめします。

まず一つの一般的な方法として、よくあるのが、値決めをするときに競合などの市場環境やターゲット層をリサーチして、「この値段なら売れる」という推測のもと値段を決めるというプロセスをたどる、というもの。この商品を好みそうなのは若い男性で、競合商品はいくらいくらだから、それより少し安い〇〇円にしようというようなやり方です。

これに対して僕は、先に独断で値段を決めます。「一杯三〇〇〇円のラーメンを売る」にせよ、「一杯三〇〇〇円のラーメンを売る」にせよ、とにかく決めてしまうのです。

こうやって値段を仮にでも決めると、「三〇〇〇円のラーメンを欲しがるのはどんな人か」「何杯売らないといけないのか」「どんな立地と相性がいいのか」「家賃はいくらくらいまで払えるのか」「どんなラーメンなら価格と価値の不等号を成立させることができるのか」といったことがイメージできるようになってきます。さらには告知方法や欲しい人材など、ビジネスを形にするために必要なものを、パズルのピースのように見つけることができます。

一方、一般的なやり方で、「リサーチの結果、このエリアには二〇代男性が多いから、二〇代男性向けのラーメン屋を開く」と決めたとしても、最適な値段を決めることは難しいはずです。そもそも二〇代男性というターゲット自体が曖昧なので、どんな価値を提供すればいいのか、値段はどうするのかといった点がなかなか決められません。そうなると、結局競合よりも少し安くするという安易な値段設定を採用しやすくなってしまうのです。曖昧なターゲットに向けて安易な値段や価値を設定するくらいなら、値段を決めてから、商品の中身や価値を決めるほうが合理的です。

値段を仮決めしてから、商品の価値を詰めていくやり方は、慣れないうちは難しいかもしれません。そういったときは、カスタマーストーリーを作るのがいいと思います。三〇〇円のラーメンを好きになってくれる人のライフスタイルをできるだけ具体的に想像して、ストーリーにしてみるのです。

実際僕は、新しい事業を興すときに、その事業の商品を買ってくれるお客様をイメージして、このカスタマーストーリーを作り、従業員と共有していました。一時期は短編小説を書くのが仕事、みたいになっていましたが、これも一人一人の顧客、ターゲットにしっかりフォーカスするため、顔が見えるマーケティングをするためでした。

要は、できるだけ具体的にお客様のライフスタイルを想像することが、価値を詰めていくときに重要なのです。

だから、僕にとっては今更、シャツ一枚が三〇〇〇円でも四〇〇〇円でも、正直違いはありません。でも、その千円の違いを真剣に悩むフェーズだったこともあるので、しっかり忘れずに頭の中に「キャラ」として手取り一四万円だった西村くんも佐藤くんも高橋さんも未だにいるのです。

そして、その顔が思い浮かぶ人に向けて、あの人は月三万円のお小遣いの中から、このシャツを買ってくれるだろうか？　買うだろうか？　と考えているわけです。

そんなわけで、値段、価格を決めるときは、自分が低価格商品と高額商品のどちらを売るのが得意かという点も考えると良いと思います。つまり、「百円玉を集める」のと「一万円札を集める」のを比べて、自分はどちらに向いているのか、頭の中の「キャラ」と相談して、イメージがつきやすいのはどちらか、ということです。

僕は、商品やサービスに高い付加価値をつけて高額で売るほうが得意と自覚していますから、「ラーメン屋をやれ」と言われれば、一杯一万円や三〇〇〇円のラーメン屋をつくるでしょう。でも、僕とは違って薄利多売の商売が好きで上手な人であれば、一杯三〇〇円のラーメン屋を開いたほうがうまくいくと思います。

薄利多売といえば、もう一つ、その利（儲け）が決まる原価率についても触れておきましょう。どの業界も、その業界ごとの原価率の相場がありますが、これも鵜呑みにしないほうがいいと思います。

例えば飲食業の場合は、原価率三割がセオリーですが、単純にそれらを守るだけではうまくいきません。

原価率10％の商品もあれば、原価率50％の商品もある、それを店全体でならすと、30％になる。原価率50％の商品でお客様に認知してもらって、来店してもらい、原価率10％の商品で利益を出す。

など、ただ漫然と原価率30％で価格を決める、といったことをしてしまっているお店、会社が飲食に限らず、苦戦しているところには多いように思います。

単純に、原価率を30％にするために、三〇〇〇円で作ったものは一万円の値付けをして売る、というのは僕に言わせれば思考停止です。

そんな単純なことでいいなら、税理士や会計士が一番ビジネスを成功させているはずです。でも、実際はそうではありませんよね？

僕は値段と原価は、いかに顧客に楽しんでもらえて、喜んでもらえるように歪ませられるかだと思っています。それと同時に、自社の利益もしっかり確保できる値付けをする。

自分のビジネスは、どこが強みかを認識し、そこを思いっきり際立たせるには、どういう値付けがいいのか、その場合の原価はどう設定するのがいいのか、値段と原価の数字をラジオのチューナーをいじるように調節して、自分のビジネスの最適解を見つけるのです。

このときの考え方のポイントは、お客様に対して「価値 ＞ 価格」を成立させつつ、自社の利益を確保できるラインを見つけられるかどうか、です。

多くの人は相場を目安に数字を設定していますから、そこを自在に調節して最適解を見出す人が勝負に有利なのは当たり前です。


一時期一世を風靡した「俺のイタリアン、俺のフレンチ」などで有名な「俺の」シリーズのお店も、立ち食いにすることで客席回転率を上げ、家賃や人件費等の固定費の絶対的な率を下げる代わりに、原価率は高く保つことで、顧客の満足度を上げ、その行列と口コミで広告宣伝費の代わりとしました。

別の視点ではどのくらいの回転率を維持すれば、どのくらいの原価率まで会社に利益が残るか、しっかりと考え、うまく歪ませていた好例でした。

単純に家賃を何%、人件費を何%、原材料費を何%、と教科書通りの数字にまとめたからビジネスがうまくいったわけではないのです。

カジノに行く前に教会へ

数字を使って、バイアスにとらわれずに経営判断できるようになったとして、変化は怖いものです。変化しないこと、行動しないことがリスクといわれても、それでも行動できないのはどうしてでしょうか？

第1章の終わりに、変化が怖い理由を話しましたね。種の本能で、変化はリスクになる。つまり、行動しないのは失敗が怖いからです。

今では人は、リスクを避けようとする本能だけが残って、良くなることでも悪くなることでもなく、変化することを最も怖いと感じる生き物になってしまいましたが、逆に言えば、そこで変化を恐れず行動できるだけで、前述の「レアキャラ」になることができます。

だからといって、魔王のように世界に一人の存在になるわけはないですが、少なくとも、変化の怖さを乗り越えて、弱くても果敢に勇気を持って行動した人、変化した人を「勇者」と呼ぶのです。

怖いことを知らない、怖さを知らないで進むのを蛮勇（馬鹿）といい、怖いことを知っていて、怖さを乗り越えて進むのが勇気です。

そこにバンカーがあることを知らずに、ピンを狙いに行ったのは、勇気じゃなくて、蛮勇です。

では、どうしたら勇気が出てくるのか？

リカバリーの方法を知っていることです。

取り返す方法を知っていれば、変化もチャレンジも怖くありません。仲直りの方法を知っているから喧嘩ができるし、「Control + Z」で一つ前に戻れるからミスを気にせずPCが操作できる。バンカーショットが得意だからピンを攻められるし、ロングパットが得意ならグリーンセンターを狙えます。

そして、カジノに行く前に教会でお祈り（セーブ）をしているから、カジノで一点賭けをして、負けてもリセットボタンを押してやり直せる。だから、ゲームのカジノでは現実ではあり得ないような大胆な賭け方ができるのです。

「失敗して全て無くなっても、極論、無一文になっても、ここからやり直せれば御の字だな」という、あなたなりのセーブポイントをつくりましょう。

家族、友人、恋人、有機物、無機物、ニュートラルに戻せるポイントでもなんでもいいです。

例えば僕は一〇年以上前に、人の連帯保証で大借金を抱えて、最後に手元に二〇〇万円だけ現金が残ったところからスタートしたので、最悪、二〇〇万円あったらなんとでもなる気がしています。もちろん二〇〇万円は大金ですから、それだけあればどうとでもなるのですが、聞く人の捉え方次第では、「年商五〇〇億円のグループトップにしては少ないな」と言われます。

でも、これが僕の真実のラインです。これだけあれば十分やり直せる気がします。

失敗をしない人はいないし、ミスをしない人もいません。重要なのはリカバリーの方法でしょう。だから僕は、社員やグループの社長に対しても、失敗自体を怒ることはありません。そこからのリカバリーまでが、評価の対象だからです。

それに、失敗を否定することは、チャレンジを否定することにもなります。もちろん、一度やれば十分な「凡ミス」を何度も繰り返せば、烈火のごとく怒りますが。

結果を出すことを求められる社会人が、結果を出せなくても怒られない方法

失敗の怖さを乗り越え、勇気を持って行動したけれど、結果が出なかった。このとき責められ、怒られることもあれば、慰められ、怒られないときもある。この違いはどこからくるのでしょうか？

僕は「ベストを尽くしたかどうか」だと思います。

当グループでもいわれることですが、八〇点取れる人が、平均点五〇点のテストで七〇点取ったことを本当に賞賛すべきかどうか、ということです。

もちろん、手を抜いても平均以上の七〇点を取ったことで、七〇点以下に相当する評価がつくことはありませんが、七〇点を超える評価もされません。ベストを尽くしていないからです。

（僕は正当に数字で評価するので、できない人が頑張って一〇万円稼いだ場合と、できる

人が適当に二〇万円稼いだ場合とでは、後者がより良い評価対象となります。）

変化を恐れず、そのシーンでベストを尽くして、最善手を打って、結果が伴わなかったら、実力が足りなかったのだから仕方ない。運が悪かったとも言えます。正しいスタンスで繰り返し行動していけば、結果が出るような運がまわってくるだろうし、実力もつくでしょう。

けれど、僕は不誠実に手を抜くな、とも言いません。その代わり、不誠実に手を抜いたら、結果を求めます。

結果だけを求められたくなければ、ベストを尽くし、「もう一度同じ状況になっても、同じ選択をします」と胸を張って言えることを続けることだと思います。

少し前から、漫画やアニメでタイムリープや異世界転生ものが流行っています。僕も基本的に好きなジャンルです。しかしタイムリープものの基本は、なんとかして過去を変えて、良い結果につなげたいという結果ありきのものが多い。異世界転生ものは、苦労せず、いきなりチート（編集部注1）の能力で無双したいという願望が根底に見え隠れする作品が多い気がします。

エンタメとして楽しむ分にはいいですが、現実のゲームでは、そうも言っていられません。結果が悪くても、同じ結果になるとしても、同じプレイをする。そう言い切れる行動を続けることが、ベストを尽くす、という在り方だと思います。

この世界に手段、やり方は無数にありますが、それを変えたところで、本質は変わりません。

本質的な在り方を変えて、自分と未来を変えていきましょう。

編集部注

1 ゲームのデータやプログラムを改ざんすることで、制作者の意図しない動作をさせる不正行為。

第４章

結果を出すための勝つ戦略、
負け抜く戦略

僕が僕であるために、勝つことは必要か？

「誠実にベストを尽くしていれば、結果が出なくても許される」と言われたとはいえ、できれば結果は出したいし、成功していきたいですよね。

そこで、本章ではその方法をお伝えしていこうと思います。

だからといって、例えば、ゲームに必ず勝たなければならないとすれば、こんなに辛いことはありません。ジャンケンをする前に、「勝たなければ」などと悪徳金融会社の幹部に希望という名の船の上でそそのかされでもしないかぎり（編集部注1）、そんなマインドになってはいけません。

「僕が僕であるために勝ち続けなければならない」のだとしたら、それはかなり辛いということを言いたいのです。

僕個人としては、僕が僕であるためには、「別に勝ち続けなくてもいい」と思ってからのほうが、人生は楽になっています。人生のレベル設定がイージーモードになりました。ハードモードを否定はしませんが、「人生ちょっと辛いかも」と思ったときには、この設定を見直してみてはいかがでしょうか？

だいたいにして、「勝つしかない、勝たなければ」という選択肢が一つしかない状態は視野狭窄に陥りやすく、当然ですが他の可能性を検討できる余裕がありません。「負けるが勝ち」なんて言葉もありますよね。その場での勝ちにこだわらず、争わず相手に譲ったほうが自分にとって有利な結果になることを言いますが、言い得て妙だと思います。

だいたい、コロナを例に出すまでもなく、前提条件やルールがコロコロと変わる新時代では、「昨日の敵が今日の友」「昨日の勝ちが今日の負け」「昨日の価値が今日のゴミ」などということにもなりかねません。

不確実な世界で自分をコントロールして幸せに生き残っていくために、うまく状況判断をして、有利な条件ではしっかり勝ち切る。不利な条件では前提条件を見直し、変えて、イノベーションやパラダイムシフトを起こしたりして、裏技的に「バグ」を突くように勝つ。負けたほうが良ければ、うまく負け抜ける。そんな方法をお伝えします。

テーブルを見渡して、カモが見当たらなかったら？

ポーカー（テキサスホールデム）を打つ人は、おそらく「テーブルを見渡してカモが見つからなければ」という言葉を聞いたことがあるでしょう。

この上の句に続く下の句は、「カモが一体誰なのか、答えは明確である」です。

これもメタ認知、客観視の一つです。

ゲームのテーブルでは自分が有利なのか、不利なのか、常に客観的に判断できなければなりません。

そして、もし前述のように、自分がカモであることに気づいたら、そのときは早々にそのテーブルから去り、違うテーブルに行くべきです。

同じように、仕事をしていく上でも、マーケティング的な観点から、グループの社長やクライアントに話すことがあります。

それは「マーケットには顧客とライバルしかいない」というもので、これも、ポーカーと同じように、客観的な分析から来ています。

自社の顧客でない以上は、ライバルの顧客です。自分と他人しかいないと言っているのと同じなのですが、これをきちんと意識して戦略を組み立てるべきです。

前述したように、TOEIC八〇〇点の町一番の英語達者は、ライバルがみんな自分以上であることに気づけていませんでした。これも同じような視点です。

高級車へのイタズラ常習者が、三〇万円の借金の保証をして、それが三八五万の借金に膨れ上がったため、公務員のお姉さんに累を及ぼさないためにも晴海埠頭から希望という名の船に乗り、第3回クリエイティブクルーズに参加したことがありました（編集部注2）。彼は紆余曲折ありながらも、「仕手戦」のように、限定ジャンケンで市場にチョキが多いときにはグーを買い占めることで相対的に勝つ確率を上げることを思いつきます。これも、自分のカードだけを見ていては気づけない戦略でした。

市場にチョキが多ければ、グーを買い占める。グーが多ければ、パーを買い占める。そのことで、勝つ確率を上げていくわけです。相手のことではなく、自分がコントロールできることに集中する好例です。

SWOT分析なども同じでしょう。外的要因と内的要因、自分と市場をきちんと見渡し、意思決定する。行動を変えていく。そして、その結果を最適なものにすることで生き残る。負けることで金銭的メリットが最大化する「密輸ゲーム」や「入札ポーカー」（編集部注3）のような状況では、勝ちにこだわる必要はありません。

いつでもクリア条件として定義したものの獲得に集中し、視野を広く持ちましょう。

不利な状況下で、革命を起こすには

トランプゲームの大富豪（大貧民）において、革命が必要なのは、「勝ちたい」けど「手元にそのままだと強いカード（2やA）がなく、その代わりに3などが多い」ときです。

ゴールドラッシュの時代、みんなが金塊を掘りに行き、そのせいでほとんどの人間は金にありつけませんでした。このときシャベルやジーンズを売ったことで成功したという話がイノベーションの逸話として語られますが、これも同じです。

もともと、スタートが早く金塊を存分に掘れていたら、シャベルやジーンズを売る必要はありません。そのまま金塊を掘っていればいいのです。

大富豪（大貧民）において、Aや2やジョーカー、絵札が豊富にある状態で、わざわざ革命を起こす必要がないのと同じです。

逆に言えば、そのままでは手札が弱い状況でも、やり方次第で戦える、生き残ることができる。そのためにイノベーションやパラダイムシフトがあります。

例えば「レッド・オーシャン」「ブルー・オーシャン」という言葉があります。日本では二〇〇五年に『ブルー・オーシャン戦略』が出版されたこともあり、今ではすっかり有名になった概念です。

Wikipediaでは、ブルー・オーシャン戦略の概念を次のように説明しています。

競争の激しい既存市場を「レッド・オーシャン（赤い海、血で血を洗う競争の激しい領域）」とし、競争のない未開拓市場である「ブルー・オーシャン（青い海、競合相手のいない領域）」を切り開くべきだと説いている。そのためには、自分の業界における一般的な機能のうち、何かを「減らす」「取り除く」、その上で特定の機能を「増やす」、あるいは新たに「付け加える」ことにより、それまでなかった企業と顧客の両方に対する価値を向上させる「バリューイノベーション」が必要だと主張している。そのための具体的な分析ツールとして、「戦略キャンバス」などを提示している。

従来からよく知られているマイケル・ポーターの競争戦略は「事業が成功するために

は低価格戦略か差別化（高付加価値）戦略のいずれかを選択する必要がある」と主張しているが、ブルー・オーシャン戦略では「『減らす』『取り除く』ことによる低コスト化と『増やす』『付け加える』ことによる顧客にとっての高付加価値は両立し得る」と主張している。

基本的には競争の激しい既存市場を避けて、競合のいない領域を切り開くべきだという話です。

けれど、そのような「うまい話」がいくつもあるものでしょうか。

だいたいにして、見つけたと思ったそのブルー・オーシャンはニッチ市場でしかありません。今はそんな広大な手付かずの市場は無いし、あったとしても僕達のような小規模事業者には手を出せません。

そして、レッド・オーシャンが本当に厳しいかは、自分と競合の力の強弱によります。市場に既存の競合相手がいて、血で血を洗うレッド・オーシャンだとして、そこはみんなチョキを出しているとする。だとしたら自分は当然、グーを出せばいい。

すると、レッド・オーシャンが天国に見えてきます。「無双できる」状態です。

逆に、既存の競合がほとんどいないブルー・オーシャンでも、みんながパーを出していて、自分は相変わらずグーだとイメージしてください。これは、厳しいです。

このようにどんな市場でもイノベーションもパラダイムシフトも起こせます。

レッド・オーシャンが悪いもので、ブルー・オーシャンが良いもの。そんな思考停止状態、視野狭窄に陥った状態では、勝てるものも勝てませんし、生き残ることは難しいでしょう。

テーブルを見渡して、自分と競合を見極めて手を打っていきましょう。

人間はＡＩに仕事を奪われる？

勝ち負けや生き残りに関して、最近これもよく言われることの一つですが、「ＡＩが発達すると、シンギュラリティ（編集部注4）が到来し、仕事をＡＩに奪われる」というものがあります。

これを言っている人は、未だに計算をするときにそろばんを使って電卓に張り合っているのでしょうか。僕は、ＡＩが奪う仕事など、どんどん奪ってくれて構わないと思います。

ダイラムの領主だった、絵が下手なことが玉に瑕な男も言っていたけれど、名馬を乗りこなす騎手が、名馬ほど早く走れる必要はないのです（編集部注5）。

自動改札になる前も、駅員さんが切符を次々に切ってくれていたわけですが、今でもそうしてほしいとは多くの人が思わないでしょう。そのうちコンビニのレジなどが無人になったとしても、それは当たり前の変化です。

全てに「勝とう」とするのではなく、ＡＩとも「共存して」「利用して」「一緒に生き残って」いけばいいのです。

そのためにはどうすればいいいか？

効率的であること、論理的であることではＡＩに勝てないから、非効率であることに集中していく。例えば、人と人とのコミュニケーションや、なにげない手書きの手紙のやり取り。これらは全て「効率、合理」の観点から見れば無駄です。

例えばコロナで全てがＺｏｏｍになり、「雑談」による細かいコミュニケーションが無くなって、生産性が下がった会社もあります。

極論、Ｚｏｏｍに集約して、販売もＥＣのみにして、カスタマーサポートも全てＡＩボットにしたら、きっと効率的ですが、多分そのＡＩは合理化、効率的な答えの集合体であるため、他社との差別化ができないと思うのです。

だから僕は非合理、非効率なことに集中投資して、今も会社経営をしています。

そしてもう一つ、意識しているのが、AIにできない手を打つこと。例えば、「将棋盤にチェスの駒を置くような不条理な手を打つこと」です。

囲碁でも将棋でもチェスでも、「完全情報ゲーム（編集部注6）」では、すでに人間はAIに勝てませんが、こうしたことは、まだ当分AIにはできないと思うのです。

だから今僕は、会社経営において、いきなりゲーム盤をひっくり返したり、意味がわからない駒をゲーム盤に置いてみるようなことをしています。AIとうまく共存しながら生き残り、会社の効率が上がって、もっと非効率なことに時間を使えるようになると思うと、ワクワクしませんか？

きっと、僕のワクワクに付き合わされているほうは、たまったものではないでしょう。グループの社長や社員達には申し訳ないと思っています。「社長のワクワク、社員の迷惑」だと自覚はしていますが、なかなか直りませんね。

「価格」と「価値」の不等号を成立させる新時代の「嘘」という手品

ＡＩを中心とした新技術が発達する新時代には、どう考えても世界は完全情報ゲームへと移行します。

インターネットが発達してきたときもそうでしたが、不要な中間搾取が無くなると、低価格化や価格の適正化が進みました。

今後もさらにブロックチェーンやＳＮＳなど、情報の非対称性を根幹から揺るがすような技術が多く開発されるでしょう。

そうなると、今までは「いくらで仕入れたかわからない土地」だったものが、「原価がいくらで、いくら地権者が儲かったか、損したか」まで簡単にわかるようになります。

飲食やアパレル、どんな業界でも、昔では考えられなかったレベルで一般消費者が原価や仕入れ値、利益等を把握しています。誤魔化すのも夢を見せるのも、幻想をつくるのも、簡単ではなくなってきました。だから、多くのブランドが苦戦しています。

昔は「よくわからないけど、売値が高いから、原価も高いのだろう」といった幻想がありました。でも今はそうではないから、苦戦するのです。もちろん、そのなかでも上手に夢を見せて、付加価値をつくり出せているブランドは成功しています。

考えてみれば当然です。アパレルも飲食も、経営は「まず原価を30％程度に抑えましょう」というところからスタートするわけですから。そして、前述のように、今の顧客はそのことを知っています。一〇万円で売っているこの洋服も、一万円で食べているこのディナーも、原価は三万円、三〇〇〇円だと知っているわけです。

そんな環境下でも、付加価値を付け、価格を下げずにしっかりとビジネスを続けていくためには、商品、サービスが良いことは大前提で、お店なり、ブランドなり、人なりにきちんとしたストーリーがあることが重要です。今後の顧客に向けたビジネスでは、原価三〇〇〇円のものを「一万円出してでも食べたい」と思ってもらえるような、ある種のファンクラブサービスのような、応援団のような消費を生み出すことが求められます。

原価は安いとわかっていても、つまり嘘とわかっていても、それを楽しんでくれるファンが必要なのです。

昔から「ファン＝信者＝儲かる」などといわれていますが、アフターコロナ、ウィズコロナのご時世に、旧来の価値観で「お得だから」とか「ちょっと興味がありそうな人をバッと集めて雰囲気で売る」といったやり方はもうあまり通用しません。

それよりも、「私達には実現したいコンセプトと世界観があります。お店を維持するために、お食事券やお買い物券を発行したので、応援してくれるようなら買ってください。そしてコロナが収まって世界が正常化したら、またお店に来てくださいね」といったメッセージのほうが好まれています。

大変なのは誰でも同じです。そんな余裕がないなかで、無理をしてでも応援したいと思われる存在、コンテンツを作れるかどうかが、一つの鍵だと思います。「本当は一万円だけど、今だけ五〇〇〇円です」といった安易なセール商法は、新時代には通用しないのです。

「いや、原価は三〇〇〇円だし、いつも、今だけ、君だけ、あなただけと言っているじゃないか」と気づいているのですね。検索すれば、すぐに出てきてしまいますから。

AI、インターネット、SNS、いろいろな技術が、本来なら隠していたかったビジネス上の嘘や決まりごとや慣習や予定調和を白日の下に晒しています。そんな状況下でビジネスを展開していくには、繰り返しますが、ファンとストーリーを共有して、一緒に成長することを応援し、楽しんでもらえるようなビジネスしか生き残れないのだと思います。

消費者、顧客が購買に至るとき、それは顧客の頭の中で「価格＜価値」、この不等号が成立したときです。

支払うお金よりも、得られるもののほうが大きいと思ったとき、買ってもらえるわけです。

今までは、この不等号を成立させるのに、手っ取り早く「価格・数字」のほうを動かしていました。しかし今後、特に中小企業は「価格」を変える「セール戦略」では生き残れません。

きちんと付加価値をつけ、価格をそのままか、むしろ上げて、価格と価値の不等号を適正に成立させる必要があります。

そして、新時代にはさらに、付加価値を付けることがより難しくなってきています。例えばレストランで原価三〇〇〇円の食材を一万円で売るために、内装やサービス、さまざまな装置があったのに、コロナの一件で、実店舗に誘導することも禁止される状況になりました。これでは、今までの付加価値の付け方すらできなくなってきています。

装置やサービスによる付加価値が付けられない世界で、原価三〇〇〇円とわかっているものを宅配やお取り寄せなどでも一万円で買ってもらうためには、やはりファンになって応援したいと思われること、物語を楽しんでもらうこと、でしかないのだと思います。

タネも仕掛けもあることをわかっていて、「タネも仕掛けもありません」というあの口上に騙されるのを楽しみに行く、手品ショーのように。

気づくことで、生き残る

勝つべきか、負けるべきか、それぞれの状況下で判断して今が「有利な状況」だと気づき、そのまましっかり横綱相撲で勝ち切る。

「不利な状況」だとわかったけれど、「革命」の可能性に気づき、イノベーティブに勝つ。

「『負けるが勝ち』の状況だから、ここは負けたほうがいい」ことに気づく。

全ての状況下で重要な、鍵となる言葉に「気づき」があります。

何度も繰り返して恐縮ですが、新時代、現代は、インターネットやSNSが高度に発達していますから、たいていのことは調べれば答えがわかります。

だから、そんな新時代にスマホやPCを普通に使えていれば、「情報格差」なんて本当は無いはずです。昔は「政府は〜〜という情報を隠している」とか、「上級国民しか知らない情報がある」などと言っていましたが、だいたいの情報は、99・99%ネットに落ちています。

データ・情報・知識・知恵とありますが、単体では意味をなさない数字の羅列である「データ」に、なんらかのディレクションを効かせたものが「情報」で、その情報を自分のものにして「知識」となり、経験を加味したものが「知恵」となります。

情報化社会では情報自体にも、アイデア自体にも価値はありません。いかに実行し、経験し、経験値を上げ、知識、知恵へと昇華していくかが重要です。

そのきっかけになる、ディレクションを与えるものが、「気づき」です。「気づき力」さえあればあとは作業です。

例えば、今新しいゴールドラッシュの時代を生きているとして、金塊を掘るには遅れて到着したので、ツルハシとシャベルを売ることに気づけたとしたら、あとは「ツルハシとシャベルの売り方」を検索すればいいだけです。

もしくはもっと単純に「ゴールドラッシュの乗り切り方」を検索すれば、「ツルハシとシャベルを売れ」という答えが出てくることでしょう。

あとは、市場にツルハシとシャベルを売るライバルが出てこないかを注意深く観察しつつ、ブルー・オーシャンという名のニッチを攻める。あるいはレッド・オーシャンとわかっていても、適当なツルハシとシャベルで金塊を掘っているだけのライバル（チョキ）に対して、最新の探知機とショベルカー（グー）を使えば、一人勝ちできるかもしれません。

気づけさえすれば、あとは行動に移すだけです。では、その「気づき力」は、どのようにして磨いていけばいいのでしょうか？

この件に関しては、以前、気づき力、気づき格差だけで本を一冊書こうとしたくらいです。本書では簡単にとどめますが、一つには整理整頓をしていないと、気づけません。

当たり前ですが、真っ白な紙に一点の黒いシミがあれば気づけます。しかし、さまざまな色でぐちゃぐちゃに塗りつぶされた画用紙に、一点の黒いシミがあっても気づけません。

整理整頓や掃除を日課にしていたり、社員に課したりしている社長がいるのも頷ける話です。

そしてもう一つ、長期的展望がないと、短期的なブレに惑わされ、気づくことができません。

これもよく後輩経営者に話をするときに使うのですが、「目の前の目的、目標に視野狭窄に陥らず自由度のある選択ができるようになるには、まず長期的に、ぼんやりとでいいので、プランを作りなさい」と教えます。ここでは、例えば「北に行く、北海道に行く」程度でOKです。

それがあれば、目の前の出来事の可能性に正しく気づけ、判断できます。しかし、昔の僕も含めて、若いうちはただ「今乗っている各駅停車の電車の向かい側のホームに、急行電車が停まったら、それに乗り換え、またしばらくしたら今度は特急が来たので、それに乗り換え、今度は新幹線が来たらまたそれに乗り換え……」と、目の前のなんとなく良さそうな選択肢に飛びついてしまいがちです。しかしそれでは、いつまでたっても、北、南、北、南、と右往左往しているだけになる可能性もあります。


気づくためには、長期的なプランを展望し、常にクリア条件を明確にし、整理整頓されたマインドと広い視点を持つこと。検索キーワードが潜在意識にある状態にして、生活やビジネスを続けるべきなのです。

プランが必要なフェーズ、行動が必要なフェーズ

僕には、一年に四回ほどリセットやプラン作りのタイミングがあり、一〇年に一度くらい人生の転機があったように思うので、今では一〇年後のことを少し考えるようになりました。

昔は「一〇代のうちに何かデカイことしたい」「二五歳までにフェラーリを買いたい」などと短期的で中途半端な考え方をしていた僕も、大人になったものです。四〇歳近くまで、明日をも知れないような状況が続いていたので、やっと「このまま運良く生きていられたら、こんなふうに仕事しよう」「仲間と過ごそう」などと考える余裕が出てきたのかもしれません。

実は、「もうこのあとは余生だな」と思ってるところもあります。先輩方からはお叱りを受けるでしょうが、一〇代、二〇代、三〇代と、わかりやすい「青春」のような生き方を四〇歳を過ぎてもするか、できるかといえば、そんなことはないと思うのです。人生

八〇年だとして、半分だと思ってないのですね、今年四〇歳になる僕は。もう人生の七〜八割が終わっていて、あとは後輩達を育てて、仲良くやっていこう、という気持ちになっているのです。

もちろん、四〇代、五〇代とその歳なりの楽しみ方をして、自分なりの幸せな人生を送ろうと思っていますが、結局、僕にとっての幸せは、「誰と」「どこで」「何を」するかの三つくらいしか影響しないことがわかってきました。

5W2H、When（いつ）、Where（どこで）、Who（誰が）、Why（なぜ）、What（何を）、How（どのように）、How much（いくら）のうち、幸せな相手となら、いつでもいいし（When）、理由（Why）なんていらない。方法（How）も金額（How much）もディティールがあるに越したことはないけど、究極を言えば、この三つに絞られる。

ある意味当たり前なことですが、好きな人と、好きな場所で、好きなことをやれていれば幸せだと、そんなことに気づくのに四〇年近くかかりました。

僕自身のことだけを考えれば、それらを大事にしてこれからも生きていくだけです。

さて、前項でもお話ししたように、「北海道に行く」といったぼんやりしたことをゴールに設定したとして、どのくらい適当に、あるいはどのくらい詳細にプランしていくことがどんな作用をもたらすかをここではお話しします。

まず、東京から北海道まで車で行こうとしたときに、全くわからないけど、とりあえず北に向かって車を走らせるのは正解ではないでしょう。行ったことがないところであれば、とりあえず出発するよりも、ナビを入れる時間に投資したほうが効率的です。

一方、通い慣れた近所のコンビニにナビを入力してから行く人はほぼいません。時間の無駄だからです。

このように「行き先、行き方を知っているか」と、「総走行時間に対して、ナビの検索や入力にかかる時間比率が多いか少ないか」で、行動の前にプランをするか、行動してしまったほうが早いかが判断されます。

そのため僕は一年に数度、自身の誕生日や新年、新年度などに軌道修正のためのプランをぼんやりと描きます。五年、一〇年の長期的なヴィジョンに向かってうまく進めているか、軌道修正が必要かを見ているのです。

目の前に何もない、とりあえずどんどん行動したほうがいいフェーズでは、ナビを入れるとか、給油プランを立てる前に、とりあえず家を出てしまったほうがいい、そんなフェーズでは「全ての信号が青になってからドライブに出られるわけはないんだから、早く出ちゃいな。今日が一番若いよ」と言いますし（「起業準備が三年経過」、といったようなことになってしまっている後輩にはこんなふうに言います）、ある程度行動してきて、形を伴う事業がいくつかある状態のクライアントで、新しいところに行こうとしているクライアントには、「初めての場所へのロングドライブなんで、一瞬立ち止まってナビ入れてみましょうか」といった話をしています。

短期的に、目の前に来た急行や特急に飛び乗るような「手段、状況」ありきのプランではなく、自身が何を求めて、どこに誰と行こうとしているのか。そんなことをいつも考え、しっかりクリアしていくためには、とりあえず行動しながら適宜修正を行う、「ＤＣＡ」のサイクルを回したほうがいいときと、しっかりとしたプランからなる「ＰＤＣＡ」のサイクルを回したほうがいいときがあります。それは、目的地の遠さによって変わります。

起業したてのときやその準備中に、プランに集中したい気持ちはわかりますが、「バンド名を決めかねてバンド名会議を繰り返すより、スタジオに入って音を出して練習したほうがいい」という状況があります。「DCA」のほうがいいのはそんなときです。

逆に、しっかりメジャーデビューしてツアーを組むときに、「とりあえず北海道のライブハウスに何もないけど行ってみよう」と言い出されたらびっくりしますよね。このフェーズでは「PDCA」のほうがいいのです。

生き残っていくために、また、大事なものに気づけるようになるために、長期プランや目的、目標があります。とりあえず動くことが必要なときには、まず動きましょう。「プランが必要なフェーズになるためには、まず動きましょう」と言い換えることもできます。

僕もやっと、その日暮らしから、一〇年後をなんとなくプランできるようになりました。その理由はきっと、とりあえずノープランで、ヴィジョンを描く前に動いてみて、痛い目を見てきたからなのです。

編集部注

1・2　「賭博黙示録カイジ」のエピソード。借金を抱えた主人公カイジは客船に乗り込み、金融業者の取り仕切るギャンブルでジャンケン勝負を行った。

3　どちらも「ライアーゲーム」に登場するゲーム名。

4　技術的特異点。AIが人間の能力を超える現象のこと。

5　「アルスラーン戦記」のエピソード。王位継承者である主人公に仕える軍師の発言。

6　すべてのプレイヤーが意思決定の内容と展開を観察できるゲームのこと。

第5章

チームで生き残る

インスタイルグループの「秩序あるカオス」

本書ではこれまで、適正に進化して生き残る方法、幸せな起業、クリエイトの方法、自身を客観視して分析や意思決定をする方法、弱くても勝つ方法、あるいはうまく負ける方法、など、いわゆる1P（一人プレイ）を中心にお伝えしてきました。

最終章となる本章では、複数プレイ、チーム戦、ギルド、クラン、言い方はなんでもいいのですが、一人では勝てない、生き残れない状況をどうチームで勝っていくか、生き残っていくか、といった視点でお話ししていきます。

一人では超えられない壁も、チームで、みんなで挑めば超えられる、なんて話をここから紙幅を割いて語る必要はないと思うので、どうチームを組んでいくかといったことを中心に話していきます。

現在、インスタイルグループには多業種、多業態の法人があり、グループ全体での従業員数は五〇〇人程、グループ年商も五〇〇億円程です。五〇社ほどの法人の集合体ですから、一社当たりにならすと、年商一〇億円、社員一〇人です。

実際のボリュームゾーンは、年商で数億くらいの会社がいくつかと、年商数十億、社員数も数十人くらいの会社がたくさんあるイメージです。

このくらいのサイズ感が一番マネジメントしやすい。僕の手癖というか、得意なプレイスタイルなのでしょう。

一社で数百億〜数千億円、数兆円の売上を上げて、数千人、数万人、数十万人を雇用する規模ではありません。そういう会社経営はどちらかというと、コンサルティングクライアントにお任せしています。僕には向きません。


このくらいの規模で十分僕は幸せに楽しくやれています。また、前述した通り、ある程度自分で幸せなどについて定義づけしているので、会社一社で年商五〇〇億円、社員五〇〇人といった規模よりも、今は自分にとって幸せなグループができたと思っています。この状態だと、中小企業の腰回りの軽さというか、小回りはきくし、全員でまとまればそれなりのことができる。僕は今の状態を気に入っています。

経営コンサルティングを中心としたグループではありますが、コンサルティング、ベンチャーキャピタル、飲食、アパレル、不動産、IT、デザイン、エンターテインメント、通信、コールセンター、M&A仲介、インテリアショップ、出版（そう、出版社もあるのです。ただ、自分の出版社から自分の本を出すのは、ちょっと気になってしまって(笑)）などなど、多岐にわたるというか、節操のないというか、「カオス」な集団、それがインスタイルグループです。

そんな多業種、多業態からなるチーム、グループを、僕がどう経営しているのか。

どのようにチームを構築したり、グループの社長達がチームを構築する手伝いをしているか。どの業種、業態でも共通して僕が気をつけていることなどをこれからお伝えします。

「ギャラクシー経営」という新たなスタイル

前章の最後に、何度も痛い目にあいながら、泣く暇もないくらい傷だらけになりながら気づいたことが、自分の幸せに影響するのは「誰と」「どこで」「何を」するかの三つだった。好きな人と、好きな場所で、好きなことをやっていくために、できることをするのが幸せだとお話ししました。

このように単純な結果になっているのは我ながら残念ですが、仕方がない。結局、自分が幸せでなければ人の幸せを喜べないし、願えないし、力になれない。また、自分だけ幸せでも、周りが幸せでなければ素直に自分の幸せを喜べない。「自分はいいから他人だけ」と願えるほど聖人君子でもないし、「他人はいいから自分だけ」と思えるほど厚顔無恥でもない。

そんな普通の人間の僕がたどり着いた経営スタンスが、今のインスタイルグループをつくっています。そのスタイル、コンセプトを僕は「ギャラクシー経営」と呼んでいます。まずはこの話からしていきましょう。

「ギャラクシー経営」とはどんなものなのか。これを僕は、言い訳も含めて気に入っているのですが、なにも特定のスマートフォンを使うことを言っているのではありません（オヤジギャグとわかっていても言うから、オヤジなのですね）。

ギャラクシーの意味には、銀河系、銀河、星雲、天の川（Milky Way 語源はこちらだそうです）などがあります。豪華な集まり、勢揃い、などという意味もあるから気に入っています。

ギャラクシー経営は、旧来のピラミッド型や鍋蓋組織に疑問や違和感があった僕が、自社に取り入れている定義づけです。「ホラクラシー経営（編集部注1）」に近いのですが、銀河、星雲という三次元と主観、客観で捉えて説明していることが異なる点です。

グループの社長達がそれぞれの恒星で、その衛星や星々が社員のイメージです。当然大きい星も小さい星も輝いている人もそうでない人もいます。

そもそも一等星、二等星は明るさが違いますが、それは、地球からの主観です。実際にその星が大きいか、輝いているかは、地球からの見た目にすぎません。

つまり、当グループにもそれぞれの会社に「あの人は一等星」という人物がいます。でも、それは観測者（社長など）の主観であって、客観的な大きさや明るさを表したわけではありません。一等星より大きくて輝いている三等星も、たくさんあるのです。

昔から、「うなぎと梅干しは食い合わせが悪い」といいますが、うなぎも梅干しもどちらも悪くない。組み合わせが悪いだけです。そんな組織、仲間をたくさん見てきました。だから、僕は「ギャラクシー経営」を根底に据えたのです。一等星、二等星、恒星、衛星の別があるように、上司、部下の責任、立場の別がある。でもそれらは全て、例えば僕や、グループの社長、同僚の主観でしかなくて、客観的データではありません。

つまり、全て自分の解釈次第です。誰だって自分が無価値な星だと思って生きていきたくはない。

だから僕は、こんな言い訳をしながら経営しています。

「便宜的になんとなく」一等星や二等星を決めてはいるし、認識してはいるけれど、それぞれの主観だから、君は君の主観で、自分の場所と大きさと輝きを決めなさい、と。

小さいと思っていたけれど、近づいたら案外大きかったり、大きく見えていたけれど、冷静に距離をとってみると小さかったり、人間なんてそんなものです。

評価を左右するのは、自分と観測者の距離だけです。自分自身は別に、変わらなくてもいい場合もあるのです。

このように定義づけて会社経営、人事評価をしているので、僕はあまり人事評価に悩んだことがありません。

「独断と偏見だから、気にするな」と言えるので、楽なのです。

多くの客観的データ（数字など）をふまえた上で経営判断しても、そもそもその客観的データの抽出が、「観測者からみた明るさ」という主観の枠にはまっている。そのことを伝えた上でコミュニケーションをしているから、僕は今日も、好きな人と好きな場所で好きなことができているのです。

企業文化は給湯室でつくられる

M&A等でグループ内の人員が増えてくるほど、社員や社長は、いわゆる「叩き上げ」のような、社内起業的な、僕のことを一から知っている人物ばかりではなくなってきます。少しいろいろな情報をディスクローズしていくことを考えたときに、行ったのがグループのヴィジョンを設定することでした。

これは、別に無くてもよかったし、来週には変えているかもしれません。本書が出版される頃には「ああ、やってしまった」と言っている可能性もありますが、今のところの当グループのヴィジョンは、「一一一人の好き勝手に人生を楽しむ社長をつくり、グループ社員数一千人、年商一千億円のグループをつくる」です。

別に、社長を一一一人つくることにこだわってるわけではないし（なんとなくラッキーナンバーを入れただけです）、社員は千人もいなくていいし、年商一千億円にならなくてもいい。でも、僕の周りの社員や社長達が、「好き勝手に人生を楽しんでいてほしい」とは思います。一応、数字も入れなければと思い、とってつけたような数字を置いただけです。

インスタイルグループは、自由にやれている社長も社員も多いほうだと思っていますが、いわゆる旧来型の鍋蓋組織やピラミッド型の経営、マネジメントより、前述したように、ホラクラシー経営に似たギャラクシー経営をとっているため、「管理」には向いていない組織形態です。

ギャラクシー経営やホラクラシー経営導入の前提条件には、次の点が求められます。

・個々人に与えられた役割に対して自発的・能動的に課題を見つけ、課題解決しようとする主体性
・周囲からの監視がなくても、自走して動くことができるセルフマネジメント力
・自分の利益を最大化することに走らない倫理観

要は「みんながんばれ」がギャラクシー経営、ホラクラシー経営。ピラミッド型、鍋蓋組織での経営は、いわゆる「めいれいさせろ」「じゅもんつかうな」（編集部注2）です。

ギャラクシー経営、ホラクラシー経営では、基本的に性善説に基づいて自主性が重んじられますから、各自の判断に任せるシーンが多くなってきます。そこでいちいち細かく指示出しをしていたのでは「めいれいさせろ」と変わりありません。

しかし、いくら僕が自由、自主独立を重んじているといっても、「責任の伴わない手放し、野放図な自由」を推奨しているわけではありません。

ルールで縛るほうが簡単ですが、ウチの場合は、マナーやコードで対応しています。

例えば、「遅刻」はできれば防ぎたいミスですが、「遅刻をしないことが社内ルール。遅刻した場合は罰金一万円」などと設定すると、ペナルティが伴います。

しかし、「遅刻をしたらその日は人一倍頑張ってほしい」というものであれば、マナー、コードの範囲です。

社会で大事なことは、ルールとして明文化されているより、マナーやコードとして暗黙の了解になっていることも多いものです。

マナーやコードの範囲でうまく組織が回れば、ルールを制定する必要がないので、ペナルティを科すこともありません。結果、窮屈にならず組織を運営することができます。

逆に、マナーやコード違反が度重なると、ルールやペナルティが増えていく。すると、窮屈で厳しい、細部まで管理された組織ができあがります。

「経営ゲーム」を難易度で考えると、窮屈で厳しい、細部まで管理された組織のほうがマネジメントは容易です。しかし、この件に関しては、僕は設定を「ハードモード」でいくと決めています。自由にやっていくことのほうが難しいけれど、各自が自主的にいい組織をつくれば、結果、楽しいし幸せなので、このハードモードを続けられる限り、続けていくと思います。

企業文化を守るための採用のコツ

社員の自主性に任せた経営において、最低限の「ドレスコード」のような「コード、マナー」をある程度は明文化しているとはいえ、それでももちろん、明確にルールを明文化している会社に比べると、自身や同僚の行動に疑問が生じることもあるでしょう。

そんなギャラクシー経営、ホラクラシー経営に重要なポイントがもう一つあります。それは「企業文化の醸成」です。

そして、ここで気をつけるべきことが、僕が「採用の10％ルール」と呼んでいるものです。

順に説明します。

まず、「企業は人なり」と言いますが、企業文化は社員や社長の集合体に顧客というメンバーが追加されることで、つくられます。

基本的に業務を遂行していく上での企業文化は、社長と社員でつくられるものでしょう。

ベンチャーで勢いのある社長と社員の多い会社はどうしても「イケイケ」になりがちですし、老舗で安定的な社長と社員の多い会社ではどうしても「保守的」になりがちです。そういった企業の雰囲気、空気感など、明文化したものの中に現れない、細かい一つひとつの事柄を企業文化と呼び、大事にされています。例えばザ・リッツ・カールトンホテルではその部分をより徹底するためにクレド（信条）をつくり、クレドカードを作って社員に携帯させ、共有する場を設けているのは有名な話です。

ちなみにインスタイルグループでは、このクレドの部分を「バリュー」として、INSTYLE GROUP HOUSE RULEを社内向けに公開しています。（ここはどうしてルールなのかと思いましたよね？「ハウスマナー」では語呂が悪かったのです（笑））

ご興味ある方はこちらへどうぞ。

https://instyle.group/houserule/

ルールやマニュアルでつくれない、マナー、コード、文化のレベルをどう高めていくか。それも社長の重要な仕事の一つだと思うのですが、残念ながら、企業文化は社長室ではなく給湯室でつくられます。どういうことか説明しましょう。

以下は社員同士の会話です。

「○○社長って、～～なところがあるよね」

「ああ、わかる」

いたって普通の会話です。「～～なところがあるよね」には、悪口に近い批判を想像してください。

目の前の人間に同調して「わかる」と言うのも、普通の相槌です。自分自身はそれほど嫌っていたり、批判的ではなくても、マナーとして同調します。

逆に、「いや、そうかもしれないけど、○○社長とか□□さんは、こういう考えがあるんじゃない？」と言ってくれる社員や同僚がいたら、奇跡ですよね？

ですが、話しているほうは「わかる」と言われた瞬間に、百万の味方を得た気になって、「だよね、～～なところもあるし、～～なところもあるよね」と続けます。こんなことが給湯室でも手洗い場でも、仕事終わりの居酒屋でも、当たり前に行われています。
このとき、社長の大事にしている価値観が120%浸透している奇跡の社員がそこにいると、「そんなことはない」と軌道修正されますが、普通は難しいでしょう。

そのため、僕は企業文化が固まるまでは、新規採用の人数は全体の10%以下にすることが大切だと考えています。例えば一〇人の組織であれば、採用は一人です。
同期がいたほうが何かと続きやすいので、つい複数名を採用したくなるものです。しかし、価値観が共通している一〇人のチームに、遅刻をなんとも思わない、そのチームにとっての異端児が10%入ってくると、会社の文化に染まって遅刻が無くなるか、いたたまれずに辞めていく。ですが、朱に交われば赤くなる、悪貨が良貨を駆逐するのが人間でもあるので、「いや、別に遅刻してもいいよね?」という空気感を出す仲間が何人かいると(10%を超えると)、遅刻を良しとする「第二勢力」ができてしまうのです。

会社がしっかり離陸して、安定飛行に入るまでのしばらくの間は、余計なこと(遅刻はしないなど)の指導に時間を割いていられるほど暇ではありません。ですので、当グループでは最初に奇跡の社員を集めつつ、会社がしっかり離陸するまでは価値観の違う社員でも、自浄作用で企業文化に染まれる「10％以下」で採用をしています。

結局、そのほうが、総投資時間が少なくて済むのです。

奇跡の社員を採用するために〈面接の方法〉

最初からいい人を採用できたら、あまり時間をかけなくて済む、なんてわかっていても採用は苦労するものです。もちろん、僕も最も苦労している点です。

いい人がいれば始めたい事業や、拡大できる事業はたくさんあります。そんななかでも、僕達のやり方や気をつけている点をお伝えします。

まずは価値観の定義づけと共有、そして徹底です。幸せになる方法は人それぞれで、だから定義づけなければならない。

幸せな働き方も同じで、社員によって違います。働きたくもないのに、「もっと働け」と強制されたらもちろんその企業はブラックですが、もっとバリバリ働きたいのに、「働くな、とっとと帰れ」と言われると、世間的にはホワイトでも、本人にはブラックです。

だから、本人の希望に「合っている」必要があるのだと思います。一定のレベルを超えたレストランは当たり前ですが、どれも「美味しい」。そのレベルに到達している店同士を比べて「あの店のほうが美味しい」と言うのは、もはや好みの問題です。

それと同じで、一定レベルを超えた適切な会社であれば、あとは相性と好みですから、そこをお互い見極めていく必要があります。

だから、まずウチでは少なくとも僕が面接するときには、話すことが基本的に決まっています。採用面接時、採用一日目、採用一年目、それぞれ次の三つのことを話します。

まず、採用面接時に伝えるのは以下の三点です。

・面接というと、面接する側、される側だと思うかもしれないけれど、お互いを見て、合うか合わないかを見極めよう。人と人は組み合わせの相性だと思っているから、よくいう「うなぎと梅干しの食い合わせ」みたいに、うなぎも梅干しもどちらも悪くないけれど、組み合わせが悪いということもある。だから、面接する側、される側としてではなく、お互いお見合いをして、相手のことを気に入らないと思ったら、多分僕のことを好きでいてくれる社員五〇〇人との組み合わせも悪いだろう。相手のことを、「話していて面白いな、気が合うな」と思ったら、ウチにいる五〇〇人が後ろに控えているから、気が合う確率が高まると思うよ。

これが一点目です。これを伝えておくと、文化的に、価値観的に近しいであろう、全体最適にかなう可能性を高めることができます。

次は二点目。

・これまでの人生で一番の「ベストな猫かぶり」をして、良いところを見せて帰ろう。あとから「面接で調子のいいことばっかり言ってたな」とは思わないから。ナンパやお見合いで「借金があるけど、結婚してください」なんて言わないよね。隠している短所が暴かれたり、化けの皮が剥がされるのは僕も嫌だから、良いところだけ見せて帰ってほしい。僕もそうするから（笑）。

これを伝えることで、お互いの視点が「ダメ出し」から「長所探し」に変わります。

そして三点目がこちらです。

・例えば、週休二日で給料三〇万といった条件だけで面接に来たと言われると、お互いのテンションが上がらない。僕も、不可能かもしれないけれど、一生懸命この一時間という限られた面接の時間の中で君でなければならない理由を探すから、君もこの会社でなければならない理由を頑張って探してほしい。それがお互いに見つかれば、将来お互い微妙になったときに、そこに立ち返って、「これがなくなったから、他の会社に行く」という確認ができると思うし、お互いの良いところを見て仕事ができると思うから。

これを伝えると、「この会社じゃなくてもいい」という人はある程度外れます。
これで、両者が大きくすれ違った状態で入社に進むことは、あまりありません。

奇跡の社員のマネジメント〈入社当日〉

続いて、入社当日です。僕から直接、以下の三つを伝えて、仕事を始めてもらっています。

まず、一点目に伝えること。

・僕や他の社員が120%君を歓迎していることを覚えておいてほしい。

これも前提条件の整理です。信頼関係があれば、例えば、僕がイライラした顔で「包丁持ってこい！」と怒鳴っても、「ああ、イライラしているから、料理でもしてスッキリしたいんだな」で終わります。

しかし、信頼関係が無いと、「え、誰か刺しに行く？」となってしまうでしょう。どちらにしても、僕がイライラした顔で「包丁持ってこい！」と怒鳴るという、表面的な事象は変わりません。人間同士ですから、社内でも疑問に思うことや、すれ違うことがあるかもしれません。そのときに、120％歓迎されているという認識があれば、「今言ったのは、悪い意味ではない」と思える。「何か気に入らないことをしてしまったかな」と自分を責めたり、相手に不信感を持ってしまうかどうかは、実は前提条件の違いでしかないことが多い。それを防止する意味で伝えているのです。

二点目は、こう伝えています。

・借金でもなんでも、雪だるま式に増えて手に負えなくなってからではなく、早いうちにヘルプを出せ。

前提条件を整理していても、すれ違ったり、組み合わせが悪くて噛み合わなかったりすることがあります。そんなときに抱え込まれてもデメリットしかありません。なかなか言いづらいと思うので、これを伝えているのです。

同時に、グループのどんなベンチャーでもこんなことを言っています。（10％ルールを採用して、社員数が三〇人程度になってくると、企業文化がある程度強固なものになりますから、僕はその会社の面接をしなくなります。基本的に僕が面接している＝ベンチャー、三〇人以下のフェーズとなります。）

「今、君は一番の後輩で、一番の新人だけれど、この会社はきっと大きくなるので、例えば将来一〇〇人の会社になったら、今一〇人目の君が、トップ10％の古参メンバーになる。つまり、今君は後輩だと思って仕事をしていると思うけれど、のちに続く後輩から見たらトップクラスの大先輩。自分がわからない、理解しにくいことは、のちに続く後輩も疑問に思うことだ。これはのちに続く後輩のためでもある。こんなこと聞いたら迷惑かな、と思ったら聞けなくなるから、遠慮なく聞いてほしい。君がのちに続く後輩に、一番近い立場なのだから」

こう伝えると、ある程度気にせず疑問点や不可解な点について、質問をしてくれます。

そして最後に三点目は、レンガを積む男（職人）の話をします。


この話には、三人のレンガ職人が登場します。

三人とも、ある旅人が町外れの一本道を歩いているときに出会った男達です。

最初に出会った男は、難しい顔でレンガを積んでいました。旅人は「ここで何をしているのですか？」と尋ねました。

男は不満そうにこう答えます。

「見ればわかるだろう、レンガ積みだ。朝から晩までここで毎日レンガを積まなければならない。なんで俺がこんなことをしなければならないのか」

旅人がその男と別れ、歩き続けると、二人目の男に出会います。やはりレンガを積んでいますが、先程の男とは違って辛そうではありません。

旅人は再び「ここで何をしているのですか？」と尋ねました。

一生懸命レンガを積んでいた男は、「ここで大きな壁を作っているんだ」と答えます。

旅人が「大変ですね」と言うと、男はこう答えます。

「いや、大変だなんて言ったらバチが当たる。この仕事があるから、家族全員が食べていける。たいしたことはないよ」

旅人はその男と別れ、さらに歩き続けました。そして三人目の男と出会います。その男は楽しそうにレンガを積んでいました。

旅人は再び「ここで何をしているのですか？」と尋ねました。

三人目の男は、活き活きとした様子で「俺は歴史に残る、偉大な大聖堂を作っているんだ！」と答えます。

旅人が「大変ですね」と言うと、男はこう答えます。

「とんでもない！　多くの人が集う大聖堂だ、こんなに素晴らしいことはないよ」

それを聞いた旅人は、元気に歩き出しました。

僕は入社当日にこの話をしたあと、一年間の宿題として、どうしたら、「偉大な大聖堂」

を探して仕事ができるかを考えてもらうようにしています。

このレンガを積む男（職人）の話は、ヴィジョンの共有や働きがい、モチベーションの話でよく出てくるのですが、入社一日目からヴィジョンとモチベーションを持ち、全体観を身に付けて仕事ができるような人材は、少なくともウチのようなベンチャーには来ません。

また、ヴィジョンがあっても、どんな大きな仕事に関わっていても、どんなに「変化のある仕事場」だといっても、日々の仕事自体は、単純作業（レンガを積む）の繰り返しです。

つまり、ヴィジョン、教会、大聖堂、夢、なんでもいいのですが、つまらない単純作業の繰り返しでも、何のためなら意味を見出せるのか、ということなのだと思います。

だから入社一日目に僕は問うのです。

「君はどんな大聖堂なら、楽しくレンガを積めるのか？」と。

奇跡の社員のマネジメント〈一年後〉

入社から一年が経過すると、僕から直接、本人が好きなブランドの名刺入れをプレゼントして、（気に入って使っているものがある場合などは別のものをプレゼントしますが）三つの最終確認をします。

まず、これは名刺入れをプレゼントする理由でもあるのですが、今まではどこかお客さんのようだった社員も、一年もすれば会社の立派な一員です。ここからは会社の看板を背負うことになります。ウチ程度の看板ならいいのですが、クライアントの看板だとなかなか立派な看板だったりするので（クライアントの採用に関わったりもします。クライアントの場合は三〇人超えていても）、注意喚起も兼ねて、一つめにこんな話をします。

・与えられる側から与える側になることを、大人になると言う。この一年間で、安全快適に過ごせることはわかってきたと思う。「安心できなかったから、実力が発揮できなかった」

と一年言い続けたら、それはコントだ。

今度は、安心できる環境を与える側になれ。給湯室で批判に「わかる」と同調する社員ではなく、「そんなことないよ」と言える、奇跡の社員に。

今日からは、看板を一緒に支えるチームの一員として、チームの価値を上げている要因の一つになってほしい。価値を下げる要因になんて、誰でもなれる。軽い気持ちで不祥事の一つでもすればいいだけの話なのだから。

一年間で、のちに続く後輩もできた。のちに続く後輩のゲーム運びがもっと楽になるように、働くという言葉の語源とされる、「傍（はた）を楽にする」ことができるように仕事ができたら、一人前の大人だ。将来のトップ10％、1％の古参として、与えられる側の大人として、今日からはチームを支える一人になってくれることを願う。


これを伝えることで、チームに対する責任感や今後の基本姿勢を整理します。

僕はこれを一年経って、会社や同僚や上司、社長等にある程度愛着が出てきて、価値観がある程度揃った社員に伝えます。

一方、今までかなりの数の会社をコンサルティングしてきましたが、これと同じような話を入社時に伝えてしまう社長や上司を見てきました。入社時では逆効果です。極論、面接時にミスマッチを防ぐために話した「週休二日で給料三〇万だから来た」だけの社員にこの話をしても無駄だと思うからです。

会社や同僚、上司に愛着がない状態では、看板やチームの価値を意識することはできません。まずは会社や同僚、上司等に愛着を持ってもらい、その結果、看板やチームを大事にしたいという気持ちが芽生えたとき、人は初めてそのチームのための行動ができると思うのです。

社員のための行動を一年続けることで、社員にチームのための行動をしたい、と思ってもらえる素地をつくることが大切です。

二つめは以下を伝えます。

・社長の仕事の一つに、決裁権と人事権がある。つまり、「どうしようもない社員」を首にするのが仕事だ。一生懸命働いても給料がもらえなかったら、「なんて社長だ、なんて会社だ」と思うよね。

これは右辺と左辺を入れ替えても成立する。つまり、社長、特にベンチャーの社長は、一生懸命給料を払っている。決して楽ではない。一生懸命給料を払ってるのに、一生懸命働いてもらえないとがっかりする。だから、一生懸命働いてほしい。ただし、ハードワークが一生懸命ではない。ベストを尽くしてほしい。

基本的に、社長はみんな社員が大事です。だから、多少の我慢や無理をしても、給与の支払いを頑張って行います。そこにずっと胡座をかくような社員はいないはずですが、一年を機会にきちんと念を押しています。

ウチの場合は特に、手を抜こうと思ったら果てしなく手を抜けるし、仕事をしようと思ったら果てしなく仕事ができる環境にあります(社長になればいいのです)。ですから、この確認も最後のチャンスとばかりにしています。

以前お話しした通り、「もっと働け」も「働くな」も本人の姿勢に合っていなければどっちもブラック、というのが僕の考えです。

そして三つめ、最後にこれを聞きます。

・どんな大聖堂がいいか、見つけられたか？　そのレンガを積み続けられるか？

このとき、まだ見つかっていなくても、一年間、見つけようとしていれば、少なくとも「壁」くらいのレベルにはなっていますし、「ただレンガを積んでいた」かどうかくらいはわかります。見つけたかを確認したいのではなく、見つけようとしているかを確認したいのです。

壮大なヴィジョンやミッションなど、僕にもありません。取ってつけたような、その場しのぎのものしかありません。しかし、日々楽しくレンガを積めるくらいには自分なりの大聖堂が見えています。かなりいびつで、節操のない教会になりそうですが。

できるだけ、「ただレンガを積んでいるだけ」の社員とではなくて、「自分なりの大聖堂を造っている」社員と一緒に働くために、「ああ、社長がまた新しいこと言い出したよ」と思われながら、僕は今日も、自分なりの大聖堂の設計図をみんなに広げて見せるわけです。

いかがでしたでしょうか？

このように、面接、入社、一年後、と定期的に面談しながら、相互理解を深めて（実際には三ヶ月面談等もあるので、もう少し多いのですが）、お互いの前提条件の整理を続けます。

これ以降も、半年に一度くらいはボーナス面談があり、ランチ会等でも顔を突き合わせているので、話をする機会はあるのですが、基本的にここで定期的な確認は終了です。一年間お互いに見て、フィードバックをしながら、それでも合わない場合は仕方がないですし、この一年を過ぎたら絶対辞めないのかと聞かれると、そんなことはないでしょう。そもそも僕は社員がいつ辞めてもいいと思っています。

けれど、面接時と入社時と一年時でここまでの確認をして同じ船に残っている人間とは、

「目的地、ヴィジョンが思っていたものと違った」とすれ違うことはあまりありません。

もちろん、いつでも船を乗り換え、目的地を変更することができて、それぞれのタイミングや価値観で生きればいいと思います。社員も（僕を含めて）社長も、日々「好きな場所で好きな人と好きなことをしていく」ことができれば、それでいいのです。

その価値観がたまたま社長や会社と社員とで合っていて、同じ方向を向いて日々を楽しく過ごしていけるなら、それはやはり奇跡だなと思います。あることが難しい、「有り難い」ことですよね、本当に。

器の大きい奇跡の社長やパートナーと出会える、一緒に仕事ができる方法

奇跡的にいい人材を採用できても、社長の器以上に会社は大きくならない、というのが僕の持論の一つです。また、社長やビジネスパートナーであっても、もちろん、しっかりとした奇跡的な人材と一緒に仕事をする必要があります。

これは自社に関しても同じことが言えるので、僕も日々頑張って自分の器を広げようと思って行動していますが、なかなか難しいので、最初から諦めてグループ経営にしています。自分一人の器じゃなくて済みますからね。

それでも、一応は自分の器を少しでも広げようと日々、柔軟な考えを持ってちょっとだけ無理をしよう、と思っているのですが（これが僕の考える器の広げ方です）なかなかうまくはいかないものです。

そこで、ここからは自分のことは棚に上げて、器の大きい社長像について、またそんな

ビジネスパートナーと一緒に仕事をする方法をお伝えします（だいたい、自分のことを棚に上げて鍵でもかけておかなければ、僕のようなタイプは自分からのツッコミがうるさくて本など書けません）。

まず「器が大きい人」とはどういう人のことでしょうか。さまざまな定義があると思いますが、僕は結局、「細かいことが気にならない、どうでもいいことが多い人」のことだと思います。「気づかない」のではなくて。

逆に、器が小さい人がどういう人なのかを思い浮かべれば、言ってることがわかると思います。

第3章で、10：0のWin－Winの話をしましたが、「どうでもいいこと」の範囲が大きいと、人生が好転しやすそうですよね。だから、僕を含めたインスタイルグループの社長達は、どうでもいいことを増やせるような行動指針を持つよう、心がけています。

そして、もう一つ、大事だと思うのは、自分より優秀な人を見つけたとき、「嫉妬しないこと」です。

「悔しがる」のはいいのです。努力をするから。「負けず嫌い」も嫌いではありません。やはり努力をするから。

しかし、「嫉妬深い」のはあまり好ましくありません。努力もせずに、自分はそこに行けないと、自分で決めてしまっているように感じるからです。

チームを組んで、各自の長所を持ち寄って冒険しようというときに、自分より攻撃力やＨＰ《ヒットポイント》が高い戦士に嫉妬したり、自分より魔力やＭＰ《マジックポイント》が高い魔法使いに嫉妬したりしている勇者は、微妙です。

戦士の攻撃力を見て、負けるものかと頑張って努力して力をつけるのはいいけれど、嫉妬して仲間に加えないで、どうやって魔王を倒すのでしょうか（このように考えられる理由は、僕も昔このタイプだったからです）。

結局、潜在意識の問題、コンフォートゾーンの問題でもあるから、一気に器を大きくはできないけれど、自分をだましだまし、ゆっくりとレベルを上げていき、素直に「すごいね、自分も頑張る」と言えるところまで持っていきましょう。

そうすれば、その道のスペシャリスト、天才達が、存分に才能を発揮できる状態でパーティーを組めるようになります。

才能ある奇跡の社長やパートナーと出会える、一緒に仕事ができる方法

才能、天才。どちらもいい言葉です。

僕はスペシャリストになれないことを早々に自覚した人間なので、才能のある人、天才、スペシャリストには嫉妬（自分がなれないとわかってるため、ここは「悔しい」のではありません）と、尊敬が入り混じった感情があります。

勇者は「ゼネラリスト」ですから、魔力では魔法使いに、攻撃力や体力では戦士に、素早さでは武道家に劣ります。

ゼネラリストタイプの社長である僕も同じように、一芸に秀でることができなかったので、なんとなくゼネラリストとして生きられるコンサルタント業を選んでいるのかもしれません。

漫画等でもよく「あいつは努力することの天才だ」といったセリフがあります。僕は、才能とは、そのことを疑わず愛し続けて、可能性を信じ続けられることだと思っています。だから続けられるし、努力できる。僕にはそれがほとんどの分野でありませんでした。

今、僕の周りにはスペシャリスト、天才達がいて、それぞれの得意分野でグループのＣ●Ｏ（ＣＴＯ、ＣＤＯ、ＣＭＯなど）を務めるかたわら、自分達の会社もグループ内において活躍してくれています。

結局、僕には彼ら、彼女らのような才能はなかった。疑わず、愛し続けて、可能性を信じ続けられるようなものがなかったから、中途半端な器用貧乏な僕ができあがって、今に至ります。

器用貧乏は、裏を返せば、たいていのことは器用にこなすことができます。しかし、そんな僕が「これは無理だ」と思うような、太刀打ちできない天才達が、今は僕のグループでパートナーとしてチームを組んで仕事をしてくれています。

そういった意味では、僕に何かしらの才能があるとするなら、それは、人を好きでいることです。それは飲食業をはじめたときも、コンサルタントになったときも、グループ経営になったときも、変わらずに僕にあった才能なのだと思います。

自分自身のことなんて、何一つ信じられるものはないけれど、ウチの社長達や社員の可能性や未来を、本人以上に信じている自信はあります。だから、きっとグループ経営の才能はあったのだろうと思います。

だからこの仕事を続けているのだと思うのです。まあ、恥ずかしいのであまり本人達に面と向かって言いませんが（笑）。

明日からも生き延びていくために、今日やっていること

いかがだったでしょうか？　チームを組んで生き抜いていくための僕なりの方法の一部をお話ししてみました。もちろん、あくまで一例なので「こうすることが唯一絶対の正解だ」とはゆめゆめ考えぬよう、お願いします。

ただ、チームを組むことは、人間という個としては弱い種が今日まで生き残ってきた、最大の戦略だと思います。

昔は一匹狼に憧れたものですが、考えたら、あれは一匹でも生き残っていける狼だからかっこいいのです。「一匹人間」はただの「ぼっち」です。孤独も悪いわけではありませんが（僕は寂しがりやの一人好きを自覚しています）、生存確率は下がります。

僕は今、自分とグループの生存確率を上げるため、またいい感じの群れをつくるため、ギャラクシー、星雲を形成するために、将来のグループの社長や社員との出会いの場を増

やしています。そのために行っているのが、エンジェル投資やベンチャーキャピタル業務、ファンドの組成や運営です。

もしもこの本を読んで「うっかり」ウチのグループに興味が湧いてしまったら、ぜひホームページやSNSなどで、最新の情報をチェックしてみてください。僕が飽きてしまって更新が止まっていることもあると思いますが、運良く、僕達がお互いにうまく楽しく生き残っていれば、きっと今より多くの仲間とプロジェクトが生まれていくはずです。

これからもその時々で、そのゲームの最適解だと思われる行動をとり続け、あるときはうまく負けながら、あるときは勝ちながら、生き残っていきたいと思っています。

あなたにとっても、このゲームが楽しく、幸せなものであることを祈ります。

編集部注

1　組織における役職を無くしたトップダウン型ではない経営手法。アメリカの起業家ブライアン・J・ロバートソンが2007年に提唱。

2　ドラゴンクエストをプレイする際、仲間に出す指示のこと。AIではなく、プレイヤー自身が命令内容を直接入力して具体的に指示する。

おわりに

いかがでしたでしょうか？

不確実なこの世界では、コントロールできるものに集中して、
幸せを定義して、幸せにクリエイト、起業し、
客観的に分析、認知しながら、
あるときは勝ち、あるときはうまく負けて、
チームを組んで生き延びる。

五行でまとめられることを、つらつらと書き連ねてしまいました。
けれど、これだけやればしっかり生き延びて、チャンスが回ってくるまでやり切れると
思うことをお伝えしたつもりです。

何度も文中に書いて自分でもうんざりしますが、コロナの一件は「一寸先は闇」を地でいくような展開でした。これを書いている今も緊急事態宣言は解除されていませんし、先行きは不透明、不安定なままです。

「生きていれば、生き残っていれば、良いことはある」とでも思わなければ、やっていられない状態です。

それでも、きっと生き残ってさえいれば良いことはあるし、一発当てるチャンスはやって来ます。だから、頑張ってこの状況を一緒にしぶとく生き延びて、次のチャンスを待ちましょう。もしかしたら、視点を変えれば、すでにチャンスはすぐそばに来ているかもしれません。

どこかの酒場で、生き延びたあなたと、冒険譚を肴に盃を交わすことを楽しみに、筆をおきたいと思います。まあ、キーボードとスマホですけど。

西村豪庸（にしむら　ひでのぶ）

経営コンサルタント、INSTYLE GROUP 代表、INSTYLE Inc. 代表取締役 CEO。中央大学法学部卒。大学在学中の 19 歳の時に飲食店を開業し、一度店をたたんだ後、デイトレードで得た 5 億円の利益を投じて飲食業界に再帰。23 歳でソムリエ試験合格。多業態の直営 47 店舗のほか、プロデュース、ファンド等の投資店舗も含めて 110 店舗まで拡大した後、それらをすべて売却。その頃から経営コンサルタントとしての活動が本格化。2008 年 INSTYLE Inc. をスタート。経営コンサルタントとしては、世界各国のエアラインやクレジットカード会社、大手飲料メーカーや有名ファッションブランドなどをクライアントに持つ。代表を務めるインスタイルグループは、飲食、アパレル、エンターテイメントなど、多業種の企業で構成されている。

SURVIVE（サバイブ）
不確実性の高い新時代における生き残り戦略

2020年8月31日　第一刷発行

著者　西村豪庸
発行者　長坂嘉昭
発行所　株式会社プレジデント社
東京都千代田区平河町2-16-1　平河町森タワー13階
https://www.president.co.jp/
https://presidentstore.jp
電話　編集（03）3237-3732
販売（03）3237-3731

編集協力　米津香保里（スターダイバー）
編集　渡邉 崇　田所陽一
販売　桂木栄一　高橋 徹　川井田美景　森田 巌　末吉秀樹
装丁　大橋義一（GAD, Inc.）
制作　関 結香
印刷・製本　凸版印刷株式会社

ISBN978-4-8334-2365-6
Printed in Japan